河南省哲学社会科学规划项目研究成果：河南转制文化企业现状及建立现代企业制度对策研究（项目号：2014GXW008）

转制文化企业现代企业制度建设研究

ZHUANZHI WENHUA QIYE
XIANDAI QIYE ZHIDU JIANSHE YANJIU

周鹍鹏等 ◎ 著

河南人民出版社

图书在版编目（CIP）数据

转制文化企业现代企业制度建设研究 / 周鸥鹏等著 . —
郑州：河南人民出版社，2018.8
ISBN 978-7-215-10401-3

Ⅰ．①转… Ⅱ．①周… Ⅲ．①文化产业－企业管理制度－研究－河南 Ⅳ．①G127.61

中国版本图书馆 CIP 数据核字（2016）第 222454 号

河南人民出版社出版发行

（地址：郑州市经五路66号　邮政编码：450002　电话：65788067）
新华书店经销　　河南瑞之光印刷股份有限公司印刷
开本　890 毫米×1240 毫米　　1/32　　印张　7.5
字数　200 千字
2018 年 8 月第 1 版　　2018 年 8 月第 1 次印刷

定价：35.00 元

序　言

受邀为周鹍鹏博士后的新书《转制文化企业现代企业制度建设研究》作序，我很高兴，这是我的学生2017年1月从博士后流动站出站以来，出版的第一本学术著作。周鹍鹏博士2012年进入武汉大学新闻传播学博士后流动站从事媒介经营管理方向研究工作，作为周鹍鹏的合作导师，他学习比较刻苦，很勤奋，团队协作能力很强。通过阅读书稿，认为该书内容具有以下特点：

一是研究内容坚持问题导向，以我国文化体制改革中出现的重要问题、难点问题为切入点，以河南转制文化企业为研究对象，与河南省委宣传部文化体制改革领导小组办公室合作，对河南省转制文化企业现代企业制度建设中存在的问题进行针对性研究，具有鲜明的问题导向特点。

二是坚持理论与实践相结合，以经济学中的交易理论、委托代理理论和产权理论为基础，以管理学中的激励理论、法人治理理论为内容，以《新公司法》为准则，以转制文化企业真实案例为材料，经过多次企业实地调研和专家访谈，把理论作为实践的指导，把实践作为理论的深化，努力做到理论与实践相结合。书的前半部分是理论论述，后部分非是案例分析。理论与案例前后呼应，相互支撑。

三是本书是团队协作共同努力的结果,周鹍鹏具有很强的团队合作意识,在本书写作过程中,他派自己的同事周立春博士,到省委宣传部文改办挂职锻炼,熟悉文化事业单位转企业改制的相关政策,派朱红昭博士到中原出版传媒集团挂职锻炼,学习和总结转制出版企业现代企业建设的经验。两位同事的挂职锻炼为本书提供了鲜活的资料支撑,使本书内容在政策把握上有了正确保证,在案例分析上有了有力支撑。

四是对策建议具有很强的实用性,本书内容不是单纯解决理论问题。而是河南省委宣传部委托的决策咨询课题,书中内容有领导的建议、企业专家的建议和学术专家的建议,是对政府官员、企业高管、高校学者多方访谈的内容总结和提升,具有很强的实用性。

当然,本书在写作过程中,也面临很大的困难和挑战,因为在当今的中国,国有文化企业建立现代企业制度还受到三个方面的制约,一是一般国有企业现代企业制度建设还存在很多问题,转制文化企业建立现代企业制度也会面临更大、更多的困难;二是文化企业具有特殊性,这要求国有文化企业既要遵循市场规律,又要兼顾文化企业承担公共责任和公共使命的特殊性,这决定了经营性文化单位转企改制的复杂性、系统性和滞后性。三是文化企业具有明显的意识形态属性,这无疑增加转制文化企业建立现代企业制度的难度。

在撰写《转制文化企业现代企业制度建设研究》期间,周鹍鹏多次召开论证会、研讨会和专家咨询会,克服诸多困难,在学术研究上实现了新的超越。希望他能继续沿着这一方向,进一步探索,不断开拓创新,推出新的学术研究成果。

学无止境,希望周鹍鹏在今后的学术生涯中,继续发扬勤奋刻苦的优点,脚踏实地,沉下心来,博览群书,进一步凝练方向,潜心研究,使自己成为学风优良,理论扎实,富有见识,勤奋好学的学者。

武汉大学博士生导师、教授

张金海

2018 年 5 月 12 日

前　言

　　经过两年零八个月的调研、访谈和总结,我们研究团队终于撰写完成《转制文化企业现代企业制度建设研究》一书,本书分为两个部分,第一部分是对河南转制文化企业现代企业制度建设现状和存在的问题进行了全面阐述,对问题产生的原因进行了深入系统的分析,并在此基础上提出相应的对策建议。第二部分是案例分析,主要对中原出版传媒集团、四川新华文轩、商丘演艺集团等三家典型转制文化企业进行详细深入分析,对这三家文化企业转企改制和现代企业制度建设的经验进行了全面系统总结,对存在的问题进行了客观系统分析,以及对这三家文化企业转企改制带来的启示进行了较为全面的阐述。

　　在本书撰写过程中,我们先后调研文化企业,走访文化企业负责人 11 次,先后到中原出版传媒集团、河南文化影视集团、河南有线电视网络集团、四川新华文轩等大型文化企业实地调研,并与时任中原出版传媒集团事业发展部主任刘成斌博士、河南文化影视集团副总裁王勇同志、商丘演绎集团副总裁贾建涛同志、商丘文化局副局长叶修业同志等专家进行深度交谈和交换意见,了解文化企业转企改制和现代企业制度建设情况,以及他们对现代企业制度建设的建议和看法,并收集一手研究资料。此外,我们派中国传媒大学朱红昭博士到中原出版传媒集团事业发展部挂职锻炼,成为刘成斌主任的助手,亲身体验文化企业的实际运营,学习总结转制文化企业现代企业制度建设的经验,收集案例材料。派武汉大学周立春博士到省委宣传部文改办挂职锻炼,学习关于文化企业改革的相关政策,并参与研究资料收集和内容撰写。

在本书完成过程中,我们先后两次参加河南省委宣传部文化体制改革领导小组办公室组织的座谈会,三次向省委宣传部文改办领导汇报调研详细情况,并征求领导意见,省文改办徐慧玲、杨恒智等领导给予我们正确指导和很好的建议,在此,我们研究团队表示衷心感谢!

在撰写本书的过程中,也借鉴了国内外专家的相关研究成果,由于作者水平有限,一些语言表达不恰当、一些分析不到位、一些判断不准确在所难免,恳请各位专家领导批评指正。

周鹍鹏

2018年5月18日

目　　录

绪　论 ·· 1
　一、研究背景和研究意义 ··· 1
　二、相关理论研究述评 ·· 4
　三、研究的主要内容与研究目标 ···································· 14
　四、研究思路和研究方法 ·· 16
　五、主要观点与创新点 ·· 18

上篇　基础研究

第一章　现代企业理论 ·· 23
　第一节　交易费用理论 ··· 23
　第二节　委托代理理论 ··· 29
　第三节　产权理论 ·· 34

第二章　企业与文化企业现代企业制度建设 ·················· 43
　第一节　现代企业制度的基本内涵 ································ 43
　第二节　文化企业的现代企业制度建设 ·························· 55

第三章　河南转制文化企业现代企业制度建设现状及原因分析 …… 66
第一节　河南转制文化企业转企改制基本概况 ………… 66
第二节　河南文化企业转企改制取得的成绩 …………… 68
第三节　河南文化企业转企改制存在的问题 …………… 71
第四节　河南文化企业转企改制存在问题的原因分析 … 78

第四章　河南转制文化企业建立现代企业制度对策 ………… 82
第一节　继续推进国有经营性文化单位转企改制 ……… 82
第二节　健全国有文化资产监管体制 …………………… 86
第三节　成立国有文化资本运营和投资公司 …………… 88
第四节　积极推动文化企业兼并重组 …………………… 93
第五节　完善转制文化企业法人治理结构 ……………… 100
第六节　集中精力推进重点文化企业股份制改造 ……… 103
第七节　加强转制文化企业内部治理 …………………… 107
第八节　设计有效的综合激励机制和约束机制 ………… 110
第九节　试点文化企业职业经理市场化选聘制度 ……… 115
第十节　强化现代企业制度建设过程中的党建工作 …… 117
第十一节　加强转制文化企业的企业文化建设 ………… 120

下篇　案例分析

第五章　中原出版传媒集团现代企业制度建设经验、问题及对策 ·········· 125
 第一节　中原出版传媒集团简介·········· 125
 第二节　中原出版传媒集团现代企业制度建设的历程·········· 127
 第三节　中原出版传媒集团现代企业制度建设的经验·········· 135
 第四节　中原出版传媒集团建立现代企业制度中的问题·········· 141
 第五节　中原出版传媒集团建立现代企业制度对策及思考·········· 150
 附　录　中原出版传媒投资控股集团有限公司大事记·········· 158

第六章　四川新华文轩建立现代企业制度的历程、思考与启示·········· 160
 第一节　四川新华文轩出版传媒股份有限公司简介·········· 160
 第二节　现代企业制度建立和体制改革发展历程·········· 163
 第三节　四川新华发行集团建立现代企业制度的基本思路·········· 174
 第四节　新华书店股份制改造及建立现代企业制度的思考·········· 179

第五节 四川新华文轩体制改革及建立现代
　　　　企业制度的启示……………………… 184
第六节 出版传媒企业未来发展趋势……………… 187
附　录 四川新华文轩股份有限公司建立现代
　　　　企业制度及改革发展大事记…………… 190

第七章 商丘演艺集团转企改制的经验及启示……… 192
第一节 商丘演艺集团转企改制基本概况………… 192
第二节 商丘演艺集团转企改制的主要历程……… 194
第三节 商丘演艺集团转企改制取得的成效……… 198
第四节 商丘演艺集团转企改制的经验…………… 202
第五节 商丘演艺集团转企改制存在的问题……… 207
第六节 商丘演艺集团转企改制的几点启示……… 209

参考文献……………………………………………… 212

后　记………………………………………………… 223

绪　论

一、研究背景和研究意义

（一）研究背景

截止到2012年年底，全国580多家出版社、3000多家新华书店、850家电影制作发行放映单位、57家广电系统所属电视剧制作机构、38家党报党刊发行单位、3271种非时政类报刊等已全部完成转企改制，组建了120多家新闻出版企业集团。自2003年以来，河南省根据中央部署，积极推进文化体制改革，经过10年的努力，取得了很大成绩，截止到2015年1月，除303家非时政类报纸没有完成转企改制外，已基本完成文化单位转企的任务，出资人制度初步建立，并在"管人、管事、管资产、管导向相结合的国有文化资产管理体制"的大背景下，逐步探索和推进国有文化企业治理结构建设。转制文化企业基本上完成了三项制度改革，用人机制灵活，市场意识增强，担当意识增强，内部运营机制明显改善。一些企业通过改制，发展势头良好，表现出较强的市场竞争力，并走在了全国前列，比如河南文化影视集团、商丘演艺集团等。还有企业进行了股份制改造，让员工入股，比如中原出版传媒集团下属子公司《中学生学习报社》有限公司成立河南省炳烛教育文化信息传播有限公司，公司占51%的股份，员工占49%的股份。

河南省文化企业转企改制工作在取得显著成绩的同时,仍然存在一些亟待解决的突出矛盾和问题。国有文化企业转企改制不彻底,一些企业市场主体地位尚未真正确立,现代企业制度还不健全,管办不分、政资不分、政企不分的现象依然存在。文化资产管理办公室还没有成立,出资人制度落实难,国有资产监管体制不完善,国有资本运行效率不太高;吸引战略投资者动作慢,股权结构还不够优化,股份制改革相对滞后,进一步改革动力不足;转制文化企业文化建设落后,转制文化企业人事自主权依然较小,缺乏完善的激励机制;一些文化企业管理混乱,内部人控制、利益输送、国有资产流失等问题突出,企业办社会职能和历史遗留问题还未完全解决;一些企业党组织管党治党责任落实不到位、作用被弱化,不能够很好地发挥政治核心作用;在决策机制、运营机制、监督机制等方面还需要进一步改进;在人才培养、人才选用、人才激励等方面还有待改善。

以上问题产生的原因主要表现在:首先是我国整体国有企业改革的落后,从工业企业和金融企业改革的过程和经验来看,一般国有企业现代企业制度建设依然处在不断完善的过程中,具有明显意识形态特征的国有文化企业不可能超越一般国有企业改革的难题而一蹴而就,而是一个不断探索,逐步完善,循序渐进的漫长过程。其次是文化企业的特殊性决定了文化企业在现代企业制度建设过程中,既要遵循市场规律,让文化企业成为真正的企业,参与市场竞争,同时又不能简单套用一般国有企业现代企业制度和国外文化企业现代企业制度建设的模式,这就决定了经营性文化单位转企改制的复杂性、系统性和滞后性。再次是受意识形态影响较重,不敢大胆改革,受到官本位思想的影响,过多留恋事业编制身份,不愿意转变身份,观念落后阻碍着文化单位转企改制和现代企业制度建设。最后是转企改制的过程就是利益重新再调整、再分配的过程,在转企改制过程中,无论是文化企业管理者、员工,还是主管部门都会因利益受到影响而缺乏改革动力。

针对以上问题,河南省转企改制文化企业迫切需要进行二次改革,建立和完善现代企业制度,使国有文化企业真正成为市场主体。本研究报告正是在这样的背景下,对河南转制文化企业现代企业制度建设现状、问题进行系统分析,并提出对策和建议。

(二) 研究意义

本研究报告对河南转制文化企业现代企业制度建设深入系统研究,具有重要的理论意义和实践意义。

理论意义。国内学者运用交易费用理论、委托代理理论、产权理论、现代企业制度理论分析一般工业企业现代企业制度建设比较常见,用来研究转制文化企业现代企业制度建设并不多见,转制文化企业建立现代企业制度具有很大的挑战性,这是因为文化企业具有经济属性和意识形态属性,文化企业涉及到文化安全和意识形态阵地的问题,文化企业一方面作为市场竞争主体,积极参与市场竞争,向消费者提供文化产品,获得经营收入和利润;另一方面承担民族文化的传承和创新,价值理念的引导,意识形态阵地的坚守等任务。文化企业必须把社会效益放在首位,实现社会效益和经济效益的有机统一,文化企业的双重属性为文化企业建立现代企业制度提出了更高要求。所以,转制文化企业建立现代企业制度不能简单套用通用的制度经济学经典理论,必须结合国内实际和文化企业的特殊性,创造性运用经典理论分析实际问题,从这方面来看,具有重要的理论意义。

实践意义。本研究报告主要针对河南转制文化企业现状及如何建立现代企业制度展开系统研究,为我省对转制文化企业进行二次改革提供决策建议。尤其对于目前河南省转制文化企业来说,正当其时,非常有必要对河南转制文化企业的现状进行全面调研和深入了解,针对转制文化企业现代企业制度建设过程中存在的问题,提出合理化的、切实可行的建议。建立和完善转制文化企业现代企业制度,有利于提升河南文化企业管理水平,提高河南文化企业资源整合能力,有利于增强文化企业市场竞争力、品牌影响力和软实力。同时,也对中西部欠发达地区转制文化企业建立现代企业制度具有借鉴作用。所以,研究河南省转制文化企业现代企业制度建设具有重要的实践意义。

二、相关理论研究述评

(一)文化体制相关政策及理论述评

目前,中国的文化政策已经从单一的意识形态演进为包括文化产业和文化事业的共同发展。从"积极发展文化事业和文化产业",到"更加自觉更加主动地推进文化的大发展大繁荣",再到"扎实推进社会主义文化强国建设",文化政策的不同表述充分反映出了中国的文化产业政策在国家战略决策层面上越发清晰和主动。从具体的操作层面上看,无论是注重通过政府制定产业政策来推动文化产业发展的东亚模式,还是强调通过维护竞争政策对文化产业发展提供制度环境的欧美模式,对"中国特色"的文化政策的创制只存在有限的借鉴意义。因此,上升为国家战略的中国文化产业,其政策的选择和制定必须超越和突破东亚模式和欧美模式的经验,必须遵循和坚持中国特色的社会主义道路,必须忠实和依托特殊的中国国情和变化的国际形势。

党的十六大会议对文化体制改革的目的、意义、主要任务和实施重点进行了详尽地论述,首次提出将文化发展分成文化事业和文化产业两个方面,强调两者都要积极发展以来,一系列重要会议召开,一系列重大政策出台,文化体制改革开始全面提速。不但在理论层面上进一步系统化、明晰化,而且在实践层面上进入实质性启动和整体推进阶段。通过对 2003 年以来丰满的中国文化体制相关政策与理论进行梳理,可以寻找到我国文化产业政策和理论的阶段性特征。

1. 2003 年—2005 年的体制创新、试点探索阶段

2003 年 6 月 28 日,全国文化体制改革试点工作会议召开。会议对全国文化体制改革试点工作进行了全面部署,确定了 9 个省市地区和 35 个文化单位为改革试点。同时提出了改革的双轨思路,文化体制改革的试点工作由此展开,并为我国全面深化文化体制改革在思想和理论上作出准备。

这一阶段文化体制改革试点的主要内容是通过推动经营性文化事业单位的改革,培育新的市场主体;放宽文化产业准入标准,打破了投资主体单一化的局面;鼓励新兴文化产业的发展,鼓励文化产品和服务的出口。为此中央及各部委陆续出台了《关于支持和促进文化产业发展的若干意见》《中共中央关于完善社会主义市场经济体制若干问题的决定》《关于印发文化体制改革试点中支持文化产业发展和经营性文化事业单位转制为企业的两个规定的通知》《文化产业及相关产业分类标准》《关于深化文化体制改革的若干意见》《关于鼓励、支持和引导非公有制经济发展文化产业的意见》《关于非公资本进入文化产业的若干规定》《经营性文化事业单位转制为企业的若干税收政策通知》等政策性文件。

相继出台的这些政策不但在财政税收、投资和融资、资产管理及处置、工商管理、价格、收入分配、社会保障、人员分流安置和法人登记等方面作出了具体的政策性规定,更关键的意义在于反映

了国家对文化体制改革的重视上升到了一定的高度。因此,各试点地区和单位从理论和实践的结合上进行了探索,根据社会主义精神文明建设的特点和规律,适应社会主义市场经济发展的需要,以发展为主题,以体制机制创新为重点,以增强活力、壮大实力、提高竞争力,繁荣社会主义文化、满足人民群众日益增长的精神文化需求为目的,努力探索有利于加强和改善党的领导、充分发挥社会主义市场经济体制的作用、充分发挥国有文化企事业单位的主体主导作用、充分调动社会各方面的力量、充分调动广大文化工作者的积极性创造性、多出精品多出才的文化管理体制和文化运行机制,为制定文化体制改革总体方案、进一步扩大试点工作做出了准备。

2. 2006 年—2010 年的深化改革、全面推进阶段

2006 年是我国文化体制改革的重要分界点,是我国文化体制改革的政策深化阶段。这一时期,我国在文化体制改革试点工作取得明显成效的基础上,总结改革经验,扩大试点范围,逐步推开深化,开始进入了合理的模式选择和大发展大繁荣的阶段。

这一阶段我国文化体制改革不但在高度上上升到国家战略层面,而且在时间上表现出了较高的政策密集度。主要的改革内容首先在于深化体制改革,引领产业发展方向,其次是配套政策紧密跟进,重点扶持文化产业发展。

2005 年 12 月 23 号,中共中央、国务院正式颁布了我国第一次就文化体制改革作出的重大决策——《关于深化文化体制改革的若干意见》。作为一个深化文化体制改革的纲领性文件,《意见》总结了改革试点经验,明确了推进文化体制改革的指导思想、原则要求和目标任务。2006 年 3 月底,第一次全国文化体制改革工作会议在北京召开。会议在深入贯彻《意见》精神的基础上,强

调要"全面落实科学发展观,以发展为主题,以改革为动力,以体制机制创新为重点,以创造更多更好适应人民群众需求的精神文化产品为目标,深入推进文化体制改革,解放和发展文化生产力,促进文化事业全面繁荣和文化产业快速发展"。同时,对新确定的89个地区和170个单位的改革试点作出部署,强调要"按照区别对待、分类指导、循序渐进、逐步推开的原则,以激发活力、改善服务为重点,进一步深化文化事业单位的改革;以推进经营性文化单位转企改制为重点,着力培育新型文化市场主体;以培育现代文化市场体系为重点,更好地发挥市场机制的积极作用;以创新文化管理体制为重点,不断完善文化领域的宏观调控;以调整结构为重点,努力提高文化产业发展的质量和效益"。

2006年9月13日,新中国成立以来的第一个国家文化发展规划《国家"十一五"时期文化发展规划纲要》发布,确定国家在"十一五"时期文化发展的六大重点和九类重点文化产业,把文化发展纳入国家的总体战略加以统筹规划,为进一步加快文化建设、改革文化体制作出了全面部署,将以塑造市场主体,优化产业结构,培育文化产品市场和要素市场方面作为重点工作,形成以内容创新为核心的文化产业格局。

2007年8月,《文化标准化中长期发展规划(2007-2020年)》出台,指导我国文化领域的标准化建设。确定了文化建设的指导思想和基本原则,主要是:政府主导原则、重点保障原则、需求导向原则、共同参与原则、制定与实施并重原则、自主创新原则、国际化原则;同时,制定了文化产业发展的主要目标和任务,并提出了切实可行的保障措施。

2007年10月15日,党的十七大召开,从中国特色社会主义经济、政治、文化、社会建设"四位一体"总体布局的高度,强调了文化建设的重要战略地位，提出了"推动社会主义文化大发展大繁荣"的目标要求，明确了"在时代的高起点上推动文化内容形式、体制机制、传播手段创新，解放和发展文化生产力，是繁荣文化的必由之路"。为贯彻十七大精神，上至中央及各部委，下至各试点地区的一系列专门的文化产业政策相继出台。

这一时期，我国发展文化产业的各项条件，如人均GDP、知识产权保护制度和传播技术陆续满足，以及为应对世界金融危机，转变经济发展方式，大力发展文化产业成为我国的战略选择。2009年7月22日，《文化产业振兴规划》正式出台，这标志我国文化产业正式上升为国家的战略产业，确定了新形势下文化产业发展的指导思想、基本原则、目标任务、重点项目和扶持政策，对进一步深化文化体制改革、加快文化事业文化产业发展具有重要指导意义，是指导我国文化产业发展的纲领性文件。

除《规划》外，还有如《关于扶持我国动漫产业发展的若干意见》《关于中央出版单位转制和改制国有资产管理的通知》《教育部办公厅关于高校出版社转制工作有关规程的通知》《关于文化体制改革中经营性文化事业单位转制为企业的若干税收优惠政策的通知》《关于进一步推进新闻出版体制改革的指导意见》《关于新办文化企业企业所得税有关政策问题的通知》《关于金融支持文化产业振兴和发展繁荣的指导意见》《文化部关于加强文化产业园区基地管理、促进文化产业健康发展的通知》《网络游戏管理暂行办法》《文化馆建设标准》等相关的文化产业专门性配套政策，和《关于加快发展服务业的若干意见》《关于加快发展服务业若干政策措施的实施意见》《关于进一步促进中小企业发展的意见》《关于搞活流通扩大消费的意见》等其他相关领域涉及到文化产业的支持政策陆续出台，使得这一阶段的文化体制改革在财政、税收、金融、土地等方面获得了更有针对性、更加优惠的政策支持,改革氛围日益浓厚,改革合力进一步增加,改革步伐进一步加快。

3. 2011 年—今的巩固成果、文化强国阶段

经过体制创新、试点探索、深化改革、全面推进的体制改革,我国的文化产业从无到有,从有到强,取得了显著成果。截止 2010 年,我国经营性文化单位的转企改制已经基本完成,使我国文化产业的实力和竞争力得到了明显增强,文化及相关产业法人单位增加值达 11052 亿元,占国内生产总值的 2.75%。我国的文化产业开始进入巩固现有成果、扎实推进社会主义文化强国建设的发展阶段。

2011 年 1 月 4 日,全国宣传部长会议在北京举行,李长春在讲话中围绕推动社会主义文化大发展大繁荣的目标,明确了宣传思想文化工作推动"三加强、一加快"的具体举措,要求宣传思想文化战线为"十二五"时期发展开好局、起好步提供强大的思想保证、精神动力、舆论支持和文化条件。

2011 年 4 月 30 日,全国文化体制改革工作会议召开。会议强调要深入贯彻党的十七届五中全会精神,按照国家"十二五"经济社会发展总体部署,紧紧围绕"三加快、一加强"的重点任务,按照加大力度、加快进度、巩固提高、重点突破、全面推进的要求,加快文化体制机制改革创新。

2011 年 10 月 18 日,党的十七届六中全会通过了《中共中央关于深化文化体制改革推动社会主义文化大发展大繁荣若干重大问题的决定》,明确提出"坚持中国特色社会主义文化发展道路",第一次提到扩大文化消费,并提出加大财政、税收等方面对文化产业的政策扶持力度,对文化内容创意生产经营实行税收优惠。第一次从文化纲领、文化目标、文化政策上阐述文化强国的"中国道

路",这是我国文化发展历程中划时代的历史贡献。

2012年2月15日,《国家"十二五"时期文化改革发展规划纲要》发布,《纲要》围绕建设社会主义文化强国的宏伟目标,明确了"十二五"时期我国文化改革发展的指导思想、方针原则、具体目标任务和重大举措,对文化改革发展作出了全面部署。2月17日,第五次全国文化体制改革工作会议在太原举行,会议强调要深入学习贯彻党的十七届六中全会精神,认真落实"三加快一加强"要求,以组织实施《国家"十二五"时期文化改革发展规划纲要》为重要抓手,加大力度、加快进度、巩固提高、重点突破、全面推进,毫不动摇地把文化改革发展继续推向前进。

2012年2月28日,文化部发布《"十二五"时期文化产业倍增计划》,紧扣十七届六中全会关于文化产业发展的最新精神和文化产业发展新趋势,提出了"十二五"时期文化部门管理的文化产业增加值至少翻一番的目标,努力推动文化产业成为国民经济支柱性产业,满足人民日益增长的多样化精神文化需求。

2012年11月8日,党的十八大召开。会议明确提出建设中国特色社会主义"五位一体"的总体布局,强调"文化是民族的血脉,是人民的精神家园。全面建成小康社会,实现中华民族的伟大复兴,必须推动社会主义文化大发展大繁荣,兴起社会主义文化建设新高潮,提高国家文化软实力,发挥文化引领风尚、教育人民、服务社会、推动发展的作用"。会议还详尽论述了文化建设的四项任务:一是加强社会主义核心价值体系建设。这决定着中国特色社会主义发展方向;二是全面提高公民道德素质。是社会主义道德建设的基本任务;三是丰富人民精神文化生活。是全面建设小康社会的重要内容;四是增强文化整体实力和竞争力。是国家富强、民族振兴的重要标志。以此保障社会主义文化强国的目标能够扎实推进。

至今,《国务院关于加快发展对外文化贸易的意见》《国务院关于推进文化创意和设计服务与相关产业融合发展的若干意见》《国务院办公厅关于印发文化体制改革中经营性文化事业单位转制为企业和进一步指出文化企业发展两个规定的通知》《关于支持电影发展若干经济政策的通知》《关于动漫产业增值税和营业税政策的通知》等针对文化强国目标的具体政策相继推出,不但使强国战略有了具体的抓手,也使监督检查更具针对性。

总之,我国文化体制改革正式启动于2003年6月,以中央召开的文化体制改革试点工作会议为标志。至今,文化体制改革已初见成效。通过对改革以来的政策进行梳理,可以概见其要点在于一个重点,两种思路,三个坚持,四大措施。其中,一个重点指通过转企改制,做大做强国有文化企业;二种思路指根据公益性和经营性两种不同功能,把现有国有文化事业单位划分为公益性事业单位和经营性事业单位两类,区别对待,采取不同的政策进行改革;三个坚持指坚持为人民服务、为社会主义服务的方向,坚持百花齐放、百家争鸣的方针,坚持贴近实际、贴近生活、贴近群众的原则;四大措施指加大经济支持力度,建立现代企业制度,转变行政管理模式,完善法律法规建设。

同时也发现,相关的具体政策的制定由于缺乏对文化产业特殊性的全面把握,所以这些政策的科学性和有效性仍有待提高,政策应有的效果还没有得到充分的发挥。首先在于忽视了文化产业具有双重属性的特点,导致政策目标设定不够明确;其次在于忽视了文化产业政策主体多元性特点,形成"政出多门"的情况导致政策系统性不强;最后在于忽视了一定程度的行业控制和普遍的市场竞争并存的特点,导致政策适用范围有限,普惠性不足。

(二)转制文化企业现代企业制建设述评

我国文化企业转制是在中国特色社会主义制度下进行的,具有鲜明的中国特色,相关文献主要集中在国内。早在20世纪90年代,我国出版界就开始关注现代企业制度问题。刘杲(2001)提出,中央关于国有企业建立现代企业制度的指示原则上也适用于出版社。王关义、王皖联(2012)指出,出版体制体制改革的特征表现在政府主导、渐进式增量改革。改革的目标是建立以清晰明确的产权制度为基础的出版市场规则和现代企业制度。他们虽然提出了特征和目标,但如何做到产权清晰,如何建立出版市场规则,如何建立现代企业制度,没有深入详细分析。姚荣杰(2012)指出,目前传媒集团公司的治理结构还存在着不少问题。主要表现在产权不明晰,组织变革滞后,党委领导色彩浓厚。姚荣杰非常重视产权对现代企业制度建设的重要性,充分论证了产权与公司治理机构的关系,但他没有提出出版公司治理机构的互相制衡关系,对公司中的用人机制和决策机制也没有深入研究。张云峰(2013)认为,出版传媒集团在转企改制过程中,依然面临着现代企业制度没有真正建立、主业不够突出、缺少高端人才等问题。建立现代企业制度、提升核心竞争力、建立高素质的人才队伍是集团发展的必要保证。钱程锦(2013)认为,报业集团股份制改造是文化体制改革深化的要求。股份制改造有利于完善法人治理机构,有利于企业规范化运作,有利于决策效率的提高。但没有提出股权多元化的路径,也没有提出股份制改造与企业规范化运作的内在关系。黄运来(2013)对报刊出版单位转企改制后的公司内部治理进行了研究,发现转企改制后的报刊出版传媒公司仅仅只是换了企业名称,管理机制、法人治理结构均没有配套改革。解决这些问题的出路在于优化产权结构、构建完善的内部治理结构、建立党委会与公司治理机构有机结合的运行机制、完善多元激励机制、深化公司内部管理等。郝振省、魏玉山(2015)指出,出版企业转企以后,现代企业制度还没完全建立起来,内部经营管理机制还不完善。并提出"二次"改革,即以"三改一加强"为重点,加快建立完善现代企业制度,完善法人治理结构,按照《公司法》的要求,健全董事会、监事会和经营管理层。

综合以上研究,具有明显的共同主张,都认为建立现代企业制度是文化企业改制的目标,科学的法人治理机构是建立现代企业制度的核心。也都认为,目前文化企业的现代企业制度建设还存在很多问题,法人治理机构不完善,运行机制不顺畅,激励措施不完善,用人机制不灵活等,还需二次改革,继续深化改革,按照政企分开、产权明晰、科学管理、权责明确的要求,建立现代企业制度。

以上研究也存在明显的不足,主要表现为:(1)研究缺乏系统性,碎片化特征明显,正确的空话,原则性建议多,真正切实可行的意见较少。(2)运用单一理论研究多,较少综合运用经济学、管理学、传播学等学科交叉开展研究,所以,其研究内容和结果都具有一定的片面性。(3)在现代企业建设过程中,强调内部治理的比较多,强调外部治理的少,事实上,公司治理结构既包括内部治理,又包括外部治理。(4)在激励方面强调物质激励和精神激励的研究较多,对目标激励、情感激励,尤其是股权激励的研究较少涉及。(5)关于转制文化企业的文化建设问题探讨较多,企业形象塑造和品牌塑造方面涉及较少。需要从精神层面、制度层面、行为层面、物质层面研究转制文化企业的企业文化塑造问题。(6)关于转制文化企业社会责任的研究较少涉及,文化企业与一般国有企业相比,既具有经济属性,又具有意识形态属性,在建立现代企业制度的过程中,转制文化企业如何把社会责任融入到企业的战略、决策、运营和管理中至关重要。(7)关于股权多元化和股权改革的问题研究较少涉及,这主要受到制度和政策的制约。不过股权多元化是现代企业制度建设成功与否的主要标志,文化企业转企改制最终绕不过股权多元化问题,这就需要深入探索股权多元化的路径问题。

三、研究的主要内容与研究目标

(一)研究内容

第一部分:确定研究内容,受河南省委宣传部文化体制改革领导小组的委托,对河南省转制文化企业现代企业制度建设的现状、问题及对策,进行研究。作者根据省委宣传部文化体制改革领导小组和合作导师张金海教授的要求,把研究内容作为出站研究报告。作者分析了研究内容的背景和意义,对研究内容的国内研究现状进行评述,明确技术路线图,提出研究思路,确定研究方法,明确研究重点、难点和创新点。

第二部分:主要陈述转制文化企业建立现代企业制度的理论基础,包括交易费用理论、委托代理理论、产权理论。理清现代企业制度发展的历史脉络,概括现代企业制度的主要形式,提出现代企业制度的基本特征。比较一般企业和文化企业的区别和联系,分析转制文化企业建立现代企业制度的一般性和特殊性。

第三部分:在对中原出版传媒集团、河南演艺集团、河南影视制作集团等大型转制文化企业进行全面调研的基础上。总结河南转制文化企业现代企业制度建设取得的成绩、存在的问题及其原因分析。

第四部分:针对河南转制文化企业现代企业制度建设现状,提出十一个方面的对策,即继续推进国有经营性文化单位转企改制;

做好建立现代企业制度的顶层设计,健全国有文化资产监管机制;成立国有文化资本投资和运营公司,"国有文化资本出资人机构(顶层)——国有文化资本投资运营公司(中层)——国有文化企业(基层)"三层资本管理体系;引进战略投资者,发展混合所有制经济,优化股权结构;依法治企,完善法人治理结构;集中精力推进重点文化企业股份制改造,提供优惠政策,加快公司制、股份制改造进程;完善文化企业治理结构,重点加强企业内部治理;建立有效的综合激励机制和约束机制;试点文化企业职业经理市场化选聘制度;强化现代企业制度建设过程中的党建工作;加强转制文化企业的企业文化建设。

第五部分:做到理论联系实际,以中原出版传媒集团为例,系统分析中原出版传媒集团转企改制及现代企业制度建设的历程和做法,总结中原出版传媒集团体制改革及现代企业制度建设的经验及存在的问题,提出中原出版传媒集团现代企业制度建设的启示,作为河南转制文化企业建立现代企业制度的借鉴。

(二)研究目标

总目标:通过对河南转制文化企业现代企业制度建设现状、问题及原因分析,提出一整套转制文化企业建立现代企业制度的方案,为河南省委宣传部文化体制改革办公室提供决策参考。

分目标1:完成对中原出版传媒集团、河南演艺集团、河南有线电视网络集团、河南文化影视集团、商丘演艺集团等典型文化企业的调研,提出转制文化企业现代企业制度建设中存在的问题,并进行原因分析。

分目标2:完成对相关资料的查阅和整理,梳理交易费用理论、委托代理理论、产权理论等制度经济相关理论,理清现代企业制度发展的历史脉络,概括现代企业制度的主要形式,分析转制文化企业建立现代企业制度的一般性和特殊性。

分目标3:针对河南转制文化企业现代企业制度建设存在的问题,从十一个方面提出河南转制文化企业建立现代企业制度的对策建议。这个分目标是整个研究报告的核心内容。

分目标4:完成对中原出版传媒集团的案例分析,把理论和实际联系起来,通过实际案例分析,总结经验,举一反三,作为河南转制文化企业建立现代企业制度的借鉴。

(三)研究重点和难点

研究重点:根据"产权明晰、政企分开、科学管理、权责明确"的要求,做好建立现代企业制度顶层设计,建立和完善出资人制度,健全国有文化资产监管体制,成立国有文化资本运营公司和投资公司,引进战略投资者,优化股权结构,依法治企,完善法人治理结构,加强企业内部治理,积极推进转制文化企业公司制、股份制改造,建立有效的综合激励机制和约束机制,试点文化企业职业经理人市场化选聘制度,强化现代企业制度建设中的党的建设工作,建立与现代企业制度相适应的企业文化。

研究难点:如何从宏观上和微观上,建立和完善转制文化企业法人治理结构,如何协调转制文化企业"新三会"与"老三会"的关系,如何解决转制文化企业股权改革与用人制度问题,如何科学进行转制文化企业"双效"考核问题等。

四、研究思路和研究方法

(一)研究思路

总体研究思路为"提出问题,分析问题,解决问题",首先陈述背景意义和评述文献,提出问题;其次对河南转制文化企业现状进行调查,并对河南转制文化企业现代企业制度建设的概况、所取得的成绩、存在的问题及其产生的原因进行系统分析;再次针对河南转制文化企业的现状,提出转制文化企业建立现代企业制度的对策;最后以中原出版传媒集团为例,分析河南转制文化企业现代企业制度建设的过程、做法、经验及启示。

(二)技术路线图

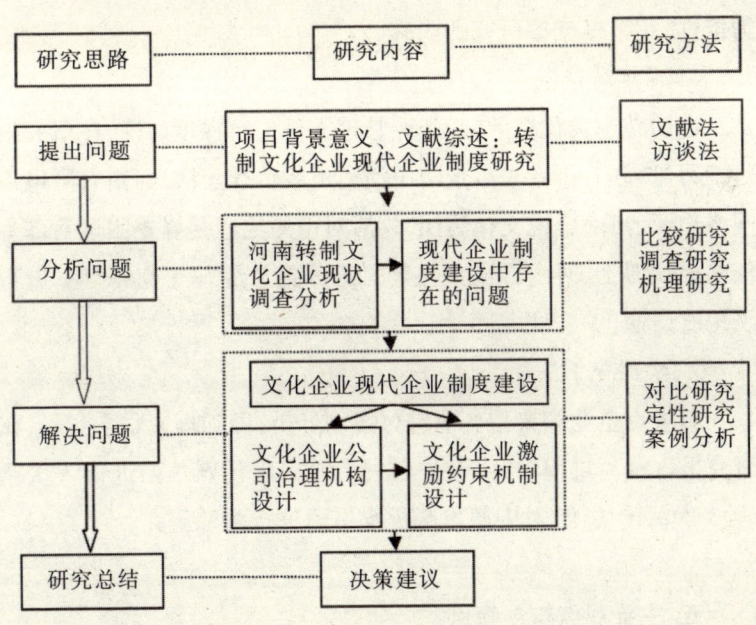

(三)研究方法

1. 调查法

研究采取以问题为导向,针对问题,对中原出版传媒集团、河南演艺集团、河南有线电视网络集团、河南文化影视集团、商丘演艺集团等典型文化企业进行实地调查,发现问题,分析问题。

2. 文献法

查阅和整理制度经济学经典文献,梳理交易费用理论、委托代理理论、产权理论等制度经济相关理论,理清现代企业制度发展的历史脉络,为河南转制文化企业建立现代企业制度奠定理论基础。

3. 定性与定量相结合

运用定性和定量分析,对转制文化企业进行现状分析,以事实为依据,用数据支撑研究的内容。

4. 深度访谈法

走访转制文化企业,对企业管理人员进行深度访谈,在研究报告撰写过程中,作者先后走访了河南出版传媒集团、河南有限电视网络集团、河南影视文化集团,先后对中原出版传媒集团运营部主任刘成斌博士、河南影视文化集团王勇副总经理等业界专家进行了深度访谈。

5. 案例分析法

对重点企业和典型企业进行案例分析,做到理论联系实际,在研究报告撰写过程中,作者先后去中原出版传媒集团进行4次调研,3次深度访谈,对中原出版传媒集团进行跟踪研究。

五、主要观点与创新点

(一)研究报告的主要观点

1. 转制文化企业产权改革是建立现代企业制度的基础和前提,只有产权改革,明晰产权,才能做到政资分开、政企分开、政事分开,才能使转制文化企业真正成为自主经营、自负盈亏、自我约束、自我发展的市场主体。

2. "国有文化资本出资人机构(顶层)——国有文化资本投资运营公司(中层)——国有文化企业(基层)"三层资本管理体系是

文化资产管理体制改革,也是转制文化企业建立现代企业制度和完善法人治理结构的关键。

3. 设计综合激励、约束机制。现代企业制度的激励机制,不仅仅是物质激励和精神激励,还包括声誉激励、目标激励,以及具有长期效应的期权激励。在设计激励机制时,应兼顾综合激励和长期激励。同时,涉及内部和外部双重约束机制。

4. 转制文化企业的难点在于员工观念的转变观念,为了让转制企业员工尽快转变,适应企业和市场的要求,建立积极的企业文化至关重要。

(二)研究报告的创新点

1. 创造性运用经典理论解决新问题。创造性运用交易费用理论、委托代理理论、产权理论、现代企业制度理论来研究转制文化企业现代企业制度建设问题。

2. 系统设计转制文化企业法人治理结构。从"国有文化资本出资人机构(顶层)——国有文化资本投资运营公司(中层)——国有文化企业(基层)"等三个层次完善和建立法人治理结构。

3. 加强转制文化企业的企业文化建设。通过转制文化企业的企业文化建设,重新塑造转制企业员工的企业意识、市场意识、竞争意识和精品意识,是转制文化企业建立现代企业制度的重要保证。

上篇　基础研究

第一章　现代企业理论

第一节　交易费用理论

一、交易费用理论的基本定义

交易费用思想是科斯最早提出来的,其认为利用价格机制配置资源是有成本的,"为了进行一项市场交易,有必要发现和谁交易,告诉人们自己愿意交易及交易的条件,要进行谈判、讨价还价、拟定契约、实施监督来保障契约的条款得以按要求履行。"① 市场经营会有所花费,但通过形成组织和允许资源分配由行政机构来决定,这笔花费就省下来了。市场和企业都是两种不同的组织劳动分工的方式,也即两种不同的"交易"方式,企业产生的原因是企业组织劳动分工的费用低于市场组织劳动分工的费用。科斯的交易费用思想很早提出,但是直到20世纪60年代才引起人们的广泛关注。对于究竟什么是交易费用,如何测度交易费用,其没有做出详细论述。

---

① R. H. Coase,"The problem of Social cost," Journal of Law and Economics, Vol. 3, No. 10(1960h), pp. 1 – 4.

最早使用交易费用这个概念的是 Arrow,其在研究保险市场的逆向选择行为和市场经济运行的效率时,将交易费用定义为"市场机制运行的费用"。① Demsetz 将交易费用定义为"交换所有权的成本"。② North 认为交易费用指的是"订立和实施作为交易基础的合同的成本"。③ 从这些研究成果中可以看出,交易费用是确实存在的。Eggertsson 认为交易费用指的是发生在个体之间交换资产所有权的权利并且执行这些排他性权利的过程中产生的费用。④ Furubotn & Richeter 对交易费用的定义作了进一步的阐释,"源自建立、使用、维持和改变法律意义上的制度和权利意义上的制度所涉及的费用,并界定为人与人之间交往的一切费用。"⑤

目前,国内外学者针对交易费用,从不同的角度,对其进行了定义。由于研究角度、思路等不相同,所以关于究竟什么是交易费用,至今仍然没有达成共识。

二、交易费用的内容构成

在界定交易费用的定义之后,国内外学者针对交易费用的内

---

① K. J. Arrow, "The Organization of Economic Activity: Issues Pertinent to the Choice of Market versus Non-market Alloction," in Joint Econominc Committee, The Analysis and Evaluation of Public Expenditure: The PPB System: Vol. 1, Washington: Government Printing Office, 1969, pp. 59-73.
② Demsetz H. ,1968,"The Cost of Transacting", Quarterly Journal of Economic, 82: 33—53.
③ North D. ,1990a, "A Transaction Cost Theory Politics", Journal of Political Economy, 2(4):355—367.
④ Eggertsson T" 1990a, Economic Behavior and Institutions, Cambridge: Cambridge University Press.
⑤ Furubotn E. G, and R. Richter, 1997, Institutions and Economic Theory: The Conti'ibution of theNew Insitutional Economics, Ann Arbor, Michgan: University of Michigan Press.

容构成进行了多角度的研究。Williamson认为签订合同之前和之后都会产生成本,所以交易费用应该包括事前交易费用和事后交易费用。① 事先交易费用指的是为了签订契约、明确交易双方的权利和义务等所花费的成本。事后交易费用指的是契约签订后,为了解决契约自身存在的问题,从改变契约条款直到退出契约产生的成本。在Williamson对交易费用内容研究的基础之上,国内学者林毅夫将交易费用分为直接费用和间接费用。直接费用包括为获得契约各方信息所产生的费用、为了达成一致契约产生的费用和把契约规定条款详细传达给有关各方的费用。② 张五常从反面角度论证了交易成本包括所有那些不可能存在于没有产权、没有交易、没有任何一种经济组织的鲁滨逊经济中的成本。他所定义的交易费用是广义的,包括信息费用、监督管理费用和制度结构变化引起的费用。③ 国内知名学者汪丁丁教授认为张五常没有确切指出哪些成本是交易费用,这样的建构缺乏实质意义。North(1990a)明确指出"在社会演变的大环境下,交易费用包括长期以来人际交往的所有费用"。④

三、交易费用的性质

根据交易费用的基本定义和内容构成,可以总结出交易费用的基本性质:

首先,交易费用是机会成本。科斯明确指出企业和市场是两

---

① Williamson O. E. , 1985, "The Economic Institutions of Capitalism", New York: Press Press.
② 林毅夫. 制度、制度变迁与经济绩效[M]. 上海:上海三联书店,1994。
③ 张五常. 交易费用的范式. 社会科学战线,1999年第1期,第1-9页。
④ North D. ,1990a,"A Transaction Cost Theory Politics", Journal of Political Economy,2(4):355-367.

种资源配置方式,这种方式之间的选择必将产生机会成本。如果人们选择不进入交易,当然不会有任何交易费用产生。但是,一旦人们选择进行交易,为了达到交易的根本目的,就要选择采用哪种交易方式,交易费用也因此具备了机会成本的性质。人们总是会选择机会成本最小的资源配置方式。

其次,交易费用是经济主体之间信息不对称造成的结果,是解决利益冲突过程中耗费的资源。在交易过程中,经济主体之间难以完全理解和无成本地了解彼此之间产品的性质,这种信息不对称导致一方很可能利用较多信息、知识和经验损害另一方的根本利益,为了降低这种利益之间的不对等,交易费用就必然增加。

接着,交易费用是无法彻底消除的。随着经济的发展,人类的社会分工越来越精细,个体的经验和知识方面的差异无法彻底消除。虽然科学技术的进步能够在某种程度上克服和减少时间和空间给人们带来的困难,但是无法完全消除时间和空间给人们交易带来的障碍。个体的利己心尽管受到法律法规等正式规章制度的限制和约束,但是,只要资源是稀缺的这个特性存在,人的利己之心就不可能完全消除,机会主义行为也就不可能根除。

最后,事件发生的概率性以及不确定性,导致任何一件事情都存在着交易费用。由于在事前人们只能根据不完备的知识对潜在的交易费用进行粗略估计,而只有等到事后才能对交易费用进行准确计量。潜在的交易费用的估算方法的差异将导致不同的行为选择,所以,在现实经济生活中,人们利用经验、习惯等方式作出行为决策的选择往往更加具有合理性。

四、交易费用理论的应用

交易费用理论在国家理论、产业理论和企业理论中得到了广泛运用。以下将重点阐释交易费用在企业理论中的运用。

科斯是最早发展交易费用存在的，并用其解释企业存在的根本原因。科斯认为市场和企业是资源配置的两种可以相互替代的手段。市场在资源配置过程中存在较大的交易费用，企业在配置资源过程中同样产生行政管理费用、监督缔约费用、传输行政命令费用等组织费用。当市场交易费用大于市场内部组织费用时，建立企业组织就十分必要。如果市场交易费用小于市场内部组织费用时，企业就不应该存在。企业内部交易费用的存在使企业不可能无限扩张，当企业内部交易费用增加到与市场交易费用相等时，企业将会不再扩张。企业之所于能够节约交易费用是因为其把本应该通过市场完成的交易行为取消了，取而代之的是企业内部的交易，这样要素所有者就没有必要签订一系列合约，原来用于事先签订和事后执行契约的成本就被节约下来了。在科斯研究的基础之上，威廉姆森和克莱茵等[1]对企业理论进行了深层次的研究，他们将企业看成是连续生产过程中不完全合约组成的纵向一体化实体，当合约不可能完全时，纵向一体化能够消除或至少降低资产专业性所产生的机会主义问题。张五常认为，企业和市场配置资源的方式可以相互替代，但是企业并非是为了取代市场，而是用要素市场取代产品市场，或者说是合约之间的相互替代。

国外学者运用交易费用理论解释了现实企业的行为选择，比如企业为什么会存在，某项活动究竟应该怎么做？通过企业还是通过市场更有效率？Canback 解释了咨询企业存在的原因，Anderson 运用交易费用理论解释了企业销售人员到底要外包还是雇佣

---

[1] 张维迎．西方企业理论的演进与最新发展．经济研究，1994 年第 11 期，第 70—81 页

更为划算。交易费用理论的产生拓展了企业理论,其已经成为解释企业行为的基本工具,而且可以用来指导当代中国企业的现代企业制度建设。

第二节　委托代理理论

一、委托代理理论的产生

20世纪60年代末70年代初,很多经济学家为了打开企业黑箱的真实面目,在深入研究企业内部信息不对称和利益相冲突的基础之上,建立了委托代理的分析框架。国内外学者围绕着委托代理理论研究企业运转过程中面临的问题,实践已经充分证明,委托代理理论可以解决现代化企业经营管理中的动力激励问题,为现代企业的发展做出了贡献。目前,委托代理理论已经由传统的单一委托人、单一代理人、单一实务的双边委托代理,发展到单一委托人、多个代理人、单一事务的多边代理,发展到多委托人、单一代理人、单一事务的共同代理,发展到单一委托人、单一代理人、多项事务的委托代理。建立之初的代理理论假设委托人拥有代理人的所有信息,所有权和经营权的分离并不会影响到企业的利润目标,代理人不存在道德风险问题,因为委托人在代理问题产生之前已经完全预料到将要发生的所有问题,这些问题就可以写到契约之中,避免了委托人与代理人之间的利益冲突。这个苛刻的假设显然不符合现实情况,委托人不可能掌握代理人的所有信息,委托人和代理人之间信息的不对称更加符合现实情况,假设前提的不同必然导致委托代理理论更加复杂。

二、委托代理理论的假设前提产生

(1) 委托人和代理人之间利益相互不一致

委托代理理论中,委托人和代理人都是经济理性人,都以自身利益最大化为根本目标。委托代理关系中,委托人关心的是委托前后代理人给企业创造的价值,其关心的是最终结果。而代理人最关心的是付出的努力能否获得合理的收入。委托人的收益取决于代理人付出的努力,而代理人的收益就是委托人支付的成本。所以说,委托人和代理人的利益通常情况下并不一致,甚至是相互冲突的。由于利益冲突的存在,代理人就有动机利用委托人委托的资源处置权利采取符合自己利益的行为选择。为了减少代理人的代理风险,促进代理人切实的为委托人经济利益最大化服务,必须设计出一套符合两者共同利益的机制。

(2)委托人和代理人之间信息不对称

委托代理理论假设委托人与代理人之间信息是不对称的,委托人不能准确地了解到代理人的努力程度(即使观察到也无法准确衡量),代理人也不知道委托人是否完全了解自己的努力程度,但是代理人确完全了解自己的努力程度。委托代理理论强调代理结果与代理人的努力水平紧密相关,代理人越努力,给委托人带来的经济效益就会越好。如果委托人无法设计出一套有效方案,使代理人努力工作,代理人就可能利用信息不对称,利用自己掌握的优势信息,谋取自身利益最大化。由于代理人的努力水平看不见摸不着,不能准确计量,所以即使把代理人的努力水平作为一项要求写在契约当中,也无济于事。所以说,委托人必须努力设计一种激励机制,促使代理人选择符合委托人利益的最佳努力水平。

在委托代理关系中,如果利益相互冲突,但是信息对称,委托人可以十分准确地掌握到代理人的行动信息,这种情况下,委托人就可以通过签订契约的方式解决代理问题。当委托人与代理人利益一致时,即使存在信息不对称,代理问题也不会存在。必须强调的是,如果这两个假设条件同时具备,代理人的道德风险问题就会出现,代理人就有动力为自己谋取利益最大化,从而损害委托人的利益。

三、委托代理问题的基本分析模型

双边委托代理分析模型涉及到一个委托人、一个代理人和一项委托事务,其设计最终目的是求出能够使代理人付出最大努力程度从而使委托人效用最大化的最优解。假设委托人是风险中性的,其效用函数等于预期企业利润减去预期支付给代理人的工资,假设只有一个代理人,其可行动集合为$(e,\bar{e})$,代理人从中任选一个行动e。且这一行动委托人不能观察到(即使观察到也难以准确衡量),假设这一行动集合不包括那些并不影响委托人利益的行动,只包括可能采取的能够影响到委托人利益的行动。e可以是任何维度的向量,但为了研究的方便,假定e是代表努力水平的一维向量,且代理人的行动是有成本的。企业的利润取决于代理人的行动选择e,并且要受到外生的随机变量ε影响。企业的利润可以用$\pi(e,\varepsilon)$表示。假定π是严格递减的凹函数,并随e而增长,即$\pi'>0,\pi''<0$。委托人只能够观察到利润水平π,其只有通过签订工资合同w的方式奖励或惩罚代理人,假设w仅取决于π,随着利润的高低上下浮动。因此,委托人的期望效用函数可表述为:

$$\underset{e}{E}v\{\pi(e,\varepsilon)-w[\pi(e,\varepsilon)]\} \qquad (1)$$

设代理人的效用函数是u,取决于所获得的工资和努力水平,假设u具有这样的性质:即u随工资的增加而增加,随e的增加而减少,且对ε是严格递减的凹函数,这意味着代理人是风险规避的。代理人的期望效用函数可表述为:

$$\underset{e}{E}u\{w[\pi(e,\varepsilon)],e\} \qquad (2)$$

委托人所面临的问题是选择一个工资契约以诱导代理人选择某一努力水平 e^* 并最大化其期望效用函数。要使得这一工资契约可行,必须首先满足两个前提条件:第一,委托人支付给代理人的收入产生的效用至少要等于其从事其他事务带来的收入产生的效用。否则的话,代理人就不会接受委托人的委托,委托代理关系也不会形成。这个最低效用被称为保留效用 U_0,此条件可以写成:

$$\max_{e} Eu\{w[\pi(e,\varepsilon),e]\} \geqslant U_0 \tag{3}$$

这是委托人在最大化其期望效用所面对的第一个约束条件,在委托代理理论中将之称为参与约束或是个人理性约束;第二,委托人要使代理人真正的为自己的利益服务,委托人设计的机制必须同时实现代理人的效用最大化。否则,代理人就会利用掌握的信息做出偏离委托人效用最大化的行为。此条件可以写成:

第二个约束是要诱导代理人选择某一努力水平 e^*,工资契约必须设计成是"激励相容"的。此条件可以写成:

$$\max_{e^*} Eu\{w[\pi(e,\varepsilon),e]\} \tag{4}$$

委托人的问题就可以归结为:如何制定一个工资契约 $w^*[\pi(e,\varepsilon)]$ 以诱使代理人付出最大化的努力水平 e^*,并在满足约束条件(3)式和(4)式的条件下最大化其期望收入,即:

$$\max Ev\{\pi(e,\varepsilon) - w[\pi(e,\varepsilon)]\}.$$

四、委托代理理论的评价

(1)研究了企业内部组织结构

企业契约理论由两条主线:一条是科斯为代表的交易费用理论。此理论认为企业就是为了节约交易成本而产生的,如果没有交易成本的存在,任何制度设计都将是有效的。科斯把交易成本和契约纳入研究框架,打破了古典经济学的研究范式,开拓了理论先河。但是,其没有深入研究企业内部组织结构问题,只简单地用"权威"一词代替,很难揭示企业黑箱具体的运作流程。另一条是以 Wilson(1969)、Spence 和 Zeckhauser(1971)、Ross(1973)、Mirrless(1974、1976)等为代表的委托代理理论,委托代理理论研究了企业的内部组织结构,开创了对企业内权力结构的标准化研究。就企业投资者和经营者的权利关系进行了分析,设计了一套刺激经营者努力为投资者赚取合法利益的有效机制。这是以前任何一个企业理论所没有涉及的问题。

(2)为设计有效的内部激励机制提出了理论依据

伯利和米恩斯是最早将研究焦点集中在控制权与所有权分离上来的,此研究使企业形态的变化提供了初步分析的工具,但是,两权分离并不一定必然导致企业效率的提高。随着企业组织结构的日趋复杂,企业家只有通过合作的方式解决不同权利所有者的利益分配问题。委托代理理论不但可以对权利所有者之间的关系进行合理解释,而且其可以把国有企业中的所有者与经理、经理与雇员、企业股东与经理、人民与政府等关系纳入到委托代理的分析框架之中,从而为设计有效的内部激励机制提出了理论依据。委托代理理论的分析方法已经影响到了理论和现实的各个方面。

第三节 产权理论

一、现代产权理论的基础：交易成本

一般认为，产权理论是在西方经济学传统的微观经济学和福利经济学难以解释资本主义生产和交换领域出现的一系列新现象的情况下产生的。对传统经济学说的批判主要是来自 Frank Knight、John, R. Comons 和 Ronald Coase。Frank Knight 认为西方经济学"经济人假设"并不符合现实，人往往是非理性的。"理解人类行为的主要问题在于去理解他们是怎样思考的——即他们的内心是怎么活动的。"①人类的天性具有冒险精神和道德上不负责任的随意性，正是由于冒险精神和随意性的存在，人类的行为往往具有非理性的基本特征，在非理性动机的驱使之下，人类的选择必然具有投机性、冒险性和机会主义倾向。为了限制、制约市场运行机制中的投机、冒险和机会主义心理导致的风险，必须从产权制度上做文章。FrankKnight 把产权引入市场运行机制的分析，这一点恰恰是正统的微观经济学所从没有涉及到的。

John, R. Comons 认为，"在每一种经济的交易里，总有一种利益的冲突，因为各个参加者总想尽可能地取多予少。"但是，人民之间的利益实现又是相互依存的。"每个人只有依赖别人去管理的、买卖的和限额的交易中的行为，才能生活和成功。"究竟怎么样协调冲突与依存呢？可以通过契约的方式解决，但是契约可能并非完全自愿达成。那么，只有依靠法律秩序解决，"从冲突中造

---

① 奈特. 风险、不确定性和利润. 纽约.1965 年版，第 450 页

成秩序",通过法律形式使"私人财产变为法人财产。"①从其观点中可以看出,产权制度在解决冲突中的作用是非常重要的。

Ronald Coase 是产权理论的集大成者。其产权思想是建立在交易成本基础之上的。科思在《企业的性质》一文中对"交易成本"作了如下定义,交易成本是运用价格机制的成本。交易成本包括发现价格的成本,即获得准确的市场信息的成本和谈判与签订契约的成本。其认为"要使物品和劳务的借给长期化,就必须借助于长期的契约,"②而在长期中,一切因素都变得不确定了,在签订契约之前,为了尽可能准确地确定契约双方的权利、责任和义务,契约双方都要充分调研取证。在签订契约之后,为了监督和维护契约的执行,各方都要付出努力。所以,不管是事前还是事后,契约的签订和执行都是花费较大成本的,这就打破了西方经济学的假设前提。所以说,在科斯看来,为了降低交易成本,建立企业产权制度就十分必要。如果没有建立企业制度,每一要素的所有者都要直接面对市场参与交易,市场交易者的数量非常大,交易摩擦将不可避免,从而导致交易成本高昂。如果建立企业组织形式,明确产权界区,交易成本将会大大降低。

二、产权的定义

产权一词有多种含义,西方学者对产权概念的界定并不一致,论述各种各样,虽然科斯提出产权思想,但是其从没有对产权进行定义。一般认为产权是 19 世纪末 20 世纪初随着现代股份公司的出现而产生的一个新的经济学范畴。

---

① 康芒斯. 制度经济学(上),商务印书馆,1981 年版
② ECONOMICA,1937 年第 11 期,第 390-391 页

西方产权经济学代表人物之一,美国经济学家阿梅恩·A·艾尔奇安说:"产权是一种通过社会强制而实现的对某种经济物品的多种用途进行选择的权利。属于个人的产权即为私有产权。它可以转让以换取对其他物品同样的权利"。① 哈罗德·德姆塞茨在《关于产权的理论》中说:"所谓产权,意指使自己或他人受益或受损的权利"。"产权是社会的工具,其意义来自这样一个事实:产权能够帮助一个人在与他人的交易中形成一个可以合理把握的预期。这些预期通过社会的法律、习俗和道德得到表达。产权的所有者拥有他的同事同意他以特定的方式行事的权利。产权是界定人们如何受益及如何受损,因而谁必须向谁提供补偿以使他修正人们所采取的行动。"② 从其观点中可以看出,产权是在人与人的交易过程中行成的,其包含了人们在竞争中能够行使的所有权利。

依据 60 年代和 70 年代初西方经济学者对产权研究的文献概括,富鲁布顿和 S·佩杰威克说"产权不是关于人和物的关系,而是指由于物的存在和使用而引起的人们之间的一些被认可的行为关系。产权分配格局具体规定了人们那些与物相关的行为规范,每个人在与他人的相互交往中都必须遵守这些规范,或者必须承担不遵守这些规范的成本。这样,社会中盛行的产权制度便可被描述为界定每个人在稀缺资源利用方面的地位的一种经济和社会关系"。③ 把产权理解为一种行为权利和行为关系,实质是将产权理解为由于稀缺资源的存在而引起的人与人之间的关系,而非单

---

① 《新色格夫经济学百科全书》第 5 卷. 麦克米伦公司 1987 年版。
② 哈罗德·德姆塞茨:《关于产权的理论》,《美国经济评论》1967 年,第 57 卷。
③ E·富鲁布顿等:《产权与经济理论:近期文献概览》,《经济文献杂志》第 10 期,1972 年 12 月。

纯的人与物的关系。

从以上学者观点中可以看出,产权具有如下基本特征:第一,产权实质上是隐藏在人与物关系背后的人与人之间的关系。第二,产权和所有权是两个概念。所有权表明的是一种归属关系,是指所有者可以占有、处置、转让自己财产的权利。产权则强调的是人们是否有利用自己占有的资产采取某种行动造成相应后果的权利。虽然两者不同,但产权与所有权紧密相关,产权涉及到的是两种所有权主体之间的权责利关系。

三、产权的基本属性

(1)排他性

排他性指的是谁有权以一定方式使用一种稀缺资源的权利,也就是说除了所有者其他人没有权利使用资源的一种基本特性。排他性是所有者自主权的前提条件,也是产权得以发挥激励作用的前提条件。排他性的基本特征是保证其他人在没有得到所有权人同意的情况下,是不能处置资产的。同时保证所有权人可以独享财产带来的收益。

(2)可分割性

产权是一组权利的组合,包括占有权、使用权、收益权、转让权等。一种资源可以有多种用途、多种转让途径、多种收益方式,所以,使用权、收益权和转让权又可以作进一步细分。只有在产权能够被充分分割的情况下,资源才能够得到最大程度的利用,才能够从资源最大化的利用中获取最大化的收益。并且为产权安排和产权结构的构造提供了选择空间。

(3)可转让性

财产的可转让性的基本属性可以保障财产的自由流转,从而能够使财产交易到给财产做出最高评价的人手里面,从而使财产得到最大化程度的利用。然而,如果限制财产的自由流转,就可能损害经济运行的效率。比如,当今土地所有权性质决定了土地不能自由流转,从而导致土地不能得到最大化程度的利用和开发,这是一种资源的浪费。

(4)产权的有限性

产权的有限性包含两层含义:第一,不同产权主体之间的权利界限应界定清晰。否则,权能的行使无法有效地进行,可能造成产权纠纷,利益也不能得到保障。不仅对不同种类财产产权划分明确,对同一财产的不同权利,在分解与分离的情况下,也必须明晰化。第二,任何产权必须有限度。包括以下含义:一是任何财产都有一个数量限度。二是由所有权、占有权、支配权和使用权组成的权利架构中,任何一个权利都有一个数量限度。三是产权主体行使产权的作用范围或者作用区域必须有限度。

(5)产权的行为性

产权行为性指的是产权主体在财产权利界区内有权做什么、没权做什么、有权阻止别人做什么。产权必须具有行为性,但行为性不等于产权,以财产为根据,以取得利益为目的的权能行使才是产权行为,产权的运动或运作是依靠行为主体行为驱动的,如果没有主体的行为,就不能实现产权的利益。

四、产权的类别

(1)私有产权与共有产权

产权是一组权利的集合,通过将各种权利界定给不同的团体,就会产生不同类型的产权。如果把权利界定给个人,就形成私有产权。如果把权利界定给集体或国家,就形成共有产权。私有产权是对不相容的使用权进行选择的权利的分配,不是对物品可能的使用方式所施加的人为的或强制性限制,而是对这些使用方式所进行的排他性权利分配(Alchian,1969)。私有产权是对价值的衡量,较强的私有产权往往比弱的私有产权更有价值。但是,私有产权的强度又取决于实施它的可能性与成本,当所有的成本和收益都可以内部化,就是完全的私有产权。

并不是所有的资源都适合采用私有产权的形式。大自然恩赐的物品和公共物品由于无法准确地测定供给价格,并且无法阻止别人免费使用,或者阻止别人使用的成本过高,这些特定导致私有不愿供给公共物品。此时,公共物品的供给必须借助于政府的力量,或依靠某个集体提供,公共物品的权利就由集体成员共享,从而构成共有产权。如果公共物品是靠强制性收费的方式提供的,这种物品就是纯粹的公共物品,如果公共物品由一个开放群体提供,全体成员可以自由进入或退出,这种物品就是俱乐部物品,其产权就是集体产权。

(2)绝对产权与相对产权

绝对产权是对有形物体的所有权,组成所有权的因素主要有对有形物品的使用权、收益权和管理权。只要所有者的行为不与法律和第三方的权利相冲突,一般认为,绝对产权就是指所有者对他所拥有的物品具有不受限制地使用的权利。由于技术的不断进步,绝对产权的内涵发生了改变,绝对产权不仅包括对物质的所有权,还包括对非物质(知识产权)的所有权。知识产权包括版权、商标、专利等等。

从物品界定的理论上讲,产权具有绝对性。但是从物品产权的实施方面来说,产权又是相对的,究其主要原因,可以概括如下:第一,产权界定的不完全性。有些物品的产权由于受到其自身属性、政府的行为以及技术的限制等因素的影响,其界定就是不完整的。无法界定的部分就留在了公共领域,在公共领域的物品有价值的属性并不能构成所有者对物品的产权。第二,法律契约的不完备性。法律契约式是人制定的,人的理性是有限的,所以任何法律法规都不可能尽善尽美。第三,政府行为的倾向性。任何产权的属性都是政府界定的。政府可以把私人物品的有价值属性界定为私人所有,可以界定为国家所有。同样,政府可以把有价值的属性留在"公共流域"之中。第四,产权主体行为能力的有限性。当政府把私人物品的所有价值属性界定为私人所有后,所有权人是否能够从充分界定的产权中获得应有收益取决于他的行为能力。由于其行为能力是有限的,必须考虑成本和收益的变化。当行使权利的收益小于行使权利的成本时,所有权人就会放弃这部分权利,把其置于公共领域之中。第五,产权结构安排的多样性。产权是可以分割的,所以就会形成多种产权的结构安排。每一种产权结构的安排都有其运作的范围和局限,超过了局限范围和运作条件,权利便无法运行。

五、产权的功能

产权界定的是否有效和清晰直接关系到经济的健康发展。在资源永远充裕的世界里,进行产权的界定没有任何意义。但是,面对于人类需求的无限性,任何资源都是稀缺的。所以说,进行资源产权的界定十分必要。建立产权制度能够使人们知道如何运用正确的方法获取资源,并能够使人们准确地预期到违反产权制度安排将会受到的惩罚。产权的功能可以归结为如下几个方面:

(1)减少不确定性

人们面对的生存和生活环境总是处在不断变化之中,充满着不确定性。为了减少不确定性所带来的负面影响和成本损失,进行产权的界定将具有重大的现实意义。现实情况恰恰证明,人们总是在通过各种路径,运用各种手段,减少不确定性。正如诺斯教授所言:"制度通过向人们提供一个日常生活的结构来减少不确定性。……用经济学的行话来说,制度确定和限制了人们的选择集合。"①

(2)外部性内在化

外部性是福利经济学的一个重要研究,外部性的存在使社会资源的配置不能达到帕累托最优状态,为了解决这个问题,必须对以外部性形式表现出来的产权进行重新界定,一旦产权得到了清晰的界定,外部性问题也就得到了有效解决。

(3)产权的激励功能

经济资源产权得到明确界定之后,经济活动主体就能掌握其拥有的权能范围,从而其能够从权能行使中获得最大化的利益。如果没有产权,权利无法行使,不能形成有效激励。委托代理理论的实质就是委托人(所有者)通过授予受托人(经营者)部分权利的形式,调动受托人的积极性,从而达到为委托人利益服务的根本目的。

(4)产权的约束功能

可以说激励和约束是一枚硬币的两面,两者相互联系,约束实质上是一种反向激励。但是,两者的作用机理不同。激励对主体来说,是一种顺向的、吸引性的力,可以调动积极性。约束是一种逆向的、限制性的力,限制经济行为主体的行为选择集合。产权界定清晰之后,经济行为主体就明确了自己什么可以做,什么不可以

---

① 诺斯. 制度、制度变迁与经济绩效[M]. 上海三联书店,1994年版,第4页

做,他人可以怎么做,他人不可以做什么等。

(5)产权的资源配置功能

产权的资源配置功能是指产权安排或产权结构安排直接决定了资源配置状态,影响对资源配置的调节。产权是对各种资源拥有的各项权利的组合,如果把权利看成一种稀缺资源的话,产权就是对权利的配置。产权的功能可以表现为以下几个方面:第一,相对于无产权或产权不明晰的情况,设置产权就是对资源的一种配置,通过设置产权可以减少资源浪费。第二,稳定的产权安排或产权结构,形成一种稳固的资源配置状态。在这种状态中,产权主体的权能范围和作用空间都是既定的。第三,产权结构的调整意味着资源的重新配置。第四,产权的结构决定资源配置的调节机制。集中产权状况适用资源配置的计划调节,分散的产权状况适用资源配置的市场调节。

(6)产权的收入分配功能

产权本身就是收入或随时可转化为收入,是获取各项收入的依据。其分配功能可以概括为如下几点:第一,不同主体之间的产权界定就是获取收入手段的分配。第二,产权是收入分配的基本依据。生产要素是商品生产过程中一种必须的资源,所以生产要素的所有者依据产权就可以获得应得的报酬。第三,产权的界定有助于收入分配的规范化。产权结构的不同安排可以形成不同的收入分配方式,产权分割得越细,各产权主体获得的合法权益就越规范。

第二章 企业与文化企业现代企业制度建设

党的十四届三中全会通过了《关于建立社会主义市场经济体制若干问题的决定》,确定了建立社会主义市场经济的总体框架,建立现代企业制度就是核心内容。以下将从三个方面详细介绍现代企业制度的产生与发展、现代企业制度的主要形式和现代企业制度的主要特征。

第一节 现代企业制度的基本内涵

一、现代企业制度的产生与发展

现代企业制度是舶来品,最初产生于西方工业化国家。其建立经历了一个曲折的发展过程。大致可以划分为三个阶段:现代企业制度的萌芽时期、现代企业制度的发展时期、现代企业制度的完善时期。

(一)现代企业制度的萌芽时期

现代企业制度的产生需要满足两个基本条件:一是企业生产过程的机械化。二是比较发达的市场经济环境。这两个条件催生了现代企业制度的形成。

18世界末19世纪初,西方珍妮纺纱机和蒸汽机的发明使用,极大地提高了工厂的生产效率,同时引起了一场组织结构的制度变革。在手工业生产时期,一颗大头针可以由一个工人负责完成,但是,随着机械化水平的提高,生产大头针的过程被分为若干个工序,每个工序有一个或多个人负责,从中可以看出,成品是多人协作生产的最终结果。在手工业生产时期,企业主与工人之间的关系是管理和被管理的关系,工人的劳动全部归企业主所有,工人是为企业主劳动的。在机械化生产时期,企业与工人之间的关系变得复杂了,虽然工人仍然是为企业主劳动的,但是,劳动的形式发生了重大改变,建立在分工基础之上的劳动协作,要具有效率,必须使协作过程简单明了和易于操作,而制定一套行之有效的规章制度不失为一种有效的解决办法。实质上,这些规章制度就形成了现代企业制度的萌芽。

随着工业化进程的加快,市场范围日趋扩大,贸易不仅仅局限于欧洲几个发达国家,触角伸到了世界各地。随着技术的不断进步,机械化水平不断提高。这两个条件的成熟为现代企业制度的建立提供了坚实的基础。这一时期的企业制度处于萌芽时期,仍存在很多问题。主要表现在如下几个方面:第一,管理手段单一。此阶段尚不存在真正意义上的企业管理,企业所有者(资本家)凭借个人经验进行管理。管理手段主要采用延长工作时间、压低工人工资、提高劳动强度等方法。这种管理体制和管理手段虽然对促进资本积累能够起到积极作用,但必然会引起无产阶级的强烈反抗。第二,产权界定不尽完善。此阶段产权界定偏向于资产阶级资产的产权保护。如1804年颁布的《法国民法典》规定:"所有权是对物有绝对无限制地使用,收益及处分的权利。"法典只规定了自然人的权利界限,尚没有出现法人的概念。第三,针对无产阶级进行了各项法律法规。资本主义国家为了维护资本家的利益,制定了一系列禁止工人罢工、取缔工会组织的法律法规,而对工人的权益没有做出具体规定。

(二)现代企业制度的发展时期

随着科学技术的不断进步,企业的生产规模日趋扩大,原有的组织结构和管理体制已经不能适应生产发展的需要,构建现代企业制度已成紧迫之势。1841年10月5日,发生在美国马萨诸塞州至纽约的铁路客车碰撞事件,成为了推动企业制度变革的导火索。事件发生不久,人们开始批评和质疑企业老板的领导和管理能力,在马萨诸塞州议会的推动之下,公司开始聘任具有管理技能的经理人经营管理公司,公司老板只能分红不能插手企业的日常业务。这种管理体制得到了普遍认可,迅速得到发展。管理作为一种与土地、资金、劳动力等生产资料相对等的一个基本要素,参与到生产过程中去,并按照贡献参与分配。

经理制的产生使企业所有权和经营权的分离成为可能。在现代企业制度的萌芽时期,资本家集企业财产的所有权和经营权于一体,所以民法中只规定了自然人的财产权利,而没有法人的提法。随着经理制的实行,企业所有权和经营权出现了分离,掌握在不同的经济主体手中,为了不损害企业所有者的权利,赋予经营者充分的权利,要求企业在民事活动中承担民事行为主体的角色,企业法人的概念产生。法律规定企业法人是享有民事权利承担民事义务的民事法律主体。

企业法人制度是现代企业制度的一个核心内容,公司法和破产法是对法人产权制度的保护。公司法详细确定了企业设立、经营、清算等的基本原则,规定了公司股东、董事、经理和职员之间的关系,规定了股东大会、董事会、经理等职权范围。破产法的根本用意是保护那些诚实而不幸的债务人,给他们以翻身的机会。在现代企业制度的萌芽时期,企业投资者就是所有者,企业资产和个人资产没有明显界限,以个人资产数量对债务承担无限连带责任,此时投资者具有较大的风险。随着现代企业制度的逐步完善,企业法人财产权的产生,企业投资者的个人资产和企业资产不再是同一个概念,此时,企业能以法人资格从事业务活动,经营一旦失败,债权人只能对公司起诉,企业以法人财产对公司债务承担责任,降低了投资者的投资风险。

另外,国家开始制定和出台一系列针对劳动者权益法律法规。1848年,瑞士格拉鲁斯州公民大会通过了限制成年人劳动时间的法案,1883年,德国制定了关于劳动疾病保险和伤残赔偿的法律,1824年,英国废除了不许工会组织活动的法令,1907年至1927年,法国分阶段颁布了劳动法典。这些法律法规的颁布成为了现代企业制度中调整劳资关系的一项重要组成部分。

(三)现代企业制度的完善时期

1929年资本主义经济危机爆发,古典经济的市场万能论得到了严重挑战,为了减轻经济危机的影响,政府开始出台各种各样的政策法规干预微观经济的运转,现代企业制度虽然没有发生实质变化,但是从管理体制和法律制度方面得到了进一步的完善。

与现代企业制度的发展时期相比,此阶段发生了如下变化:第一,政策管理权和事务管理权分开。在经理制的基础之上,董事会和经理层做了明确分工。董事会主要负责政策制定、经理人员的任命和重大决策的选择等权利,经理主要负责企业日常行政事务的处理。为企业做大做强提供了重要的组织形式。第二,董事会人员结构发生了根本变化。过去的董事会主要由投资股东组成,现在的董事会主要由具有管理技能的专家组成。并且董事手中的股份只占企业股份的小部分。董事会由原有的权利机构向政策管理机构转化，提高了董事会在重大方针政策制定、重大问题决策、重要干部任免过程中的正确性。第三，经理人员选聘标准发生了改变。上一时期经理人选聘过程中，虽然强调其应具备专业管理技能的能力，但是，在实际操作过程中，企业偏重于投资者的个人意见，把是否拥有股权作为选择经理的标准。这个时期，企业则选择那些经过专业训练、能够灵活运用现代管理知识的人员担任经理。第四，管理科学理论得到发展。出现了梅奥、巴纳德、西蒙、孔茨等一批管理学家。梅奥认为工人生产效率是工资、安全感、归属感、团队合作意识等综合作用的结果。在这个理论的影响下，欧美、日本的一些企业的经营管理者开始通过吸收工人参与管理、加大情感投入等方式改善企业与劳动者之间的关系。后来，巴纳德、西蒙、孔茨等人又将信息论、系统论、决策论、控制论等理论成果应用于管理理论研究，这些理论成果对现代企业制度的完善提供了理论指导。

二、现代企业制度的主要形式

现代经济发展史是一部企业制度不断创新的历史，相继经历了业主制企业、合伙制企业和公司制企业三种形态，下面将对这三种企业制度进行详细阐述。

(一) 现代企业制度的基本特征

(1) 业主制企业的基本含义

业主制企业被称为单一业主制企业或独资企业，是产权所有者只有一个、企业财产和个人财产相等同的一种企业组织模式。业主制企业是历史上最早的企业组织形式。与现代企业相比，其具有如下特点:第一,民事主体不同。业主制企业的民事主体是投资者(出资者),企业不具有法人地位,因此不是民事主体。第二,债务责任不同。业主制企业的投资者,对企业债务承担无限连带责任,即使企业资不抵债,其要以个人财产偿还债务。第三,经营方式不同。业主制企业自己经营,无须委托代理人经营。

(2)业主制企业的优势

与其它类型的企业相比,业主制企业具有以下几点优势:第一,受益程度不同。业主制企业经营获得的收入全部归个人所有,经营利润完全独享,充分调动投资者兴办企业的积极性。第二,经营方式比较灵活。业主制企业规模较小,经营方式比较灵活。第三,业主制企业创办时所需手续简单。第四,适应市场的能力较强。由于其经营方式灵活,规模相对较小,能够较迅速地对复杂多变的市场环境做出有效反应。

(3)业主制企业的劣势

与现代公司制企业相比,业主制企业存在着不少制约其发展的因素。第一,投资者风险较大。法律规定,业主制企业必须承担无限责任,也就是说当企业资不抵债时,企业所有者必须以个人资产偿还企业债务。第二,企业扩张能力有限。业主制企业所有者只有一人,企业资金来源受制于个人资产总量的限制,难以扩大企业生产规模。第三,企业生命力较弱。业主制企业受到所有者的经营能力、个人健康情况、经营意愿等因素的制约,难以实现企业健康持续快速发展。

(二)合伙企业的基本特征

(1)合伙企业的基本含义

合伙企业是指由两个或两个以上的出资者共同投资兴办,通过签订契约方式经营的企业。按照协议规定,合伙企业可以由其中一位合伙人经营,也可以由几个合伙人或全体合伙人共同经营。合伙人对企业债务承担无限连带责任。合伙人分为普通合伙人和有限合伙人。普通合伙人是从事企业经营管理,对企业债务承担无限责任的合伙人,他们有权代表企业对外签订契约,如果企业中所有的投资者都是普通合伙人,这个企业就是普通合伙企业。有限合伙人是指对企业债务承担有限责任的合伙人,他们一般不参与企业的经营管理。

合伙企业的基本特征如下:第一,合伙企业建立在签订契约的基础之上,契约规定各合伙人在出资、责任分担、经营等方面的权利和义务,对企业债务承担无限连带责任。第二,合伙企业的存续受到合伙人进退的影响。任一合伙人退出都会影响到企业的存续。第三,合伙企业不具有法人地位,投资者是民事主体,企业不是民事主体。

(2) 合伙企业的优势

与业主制企业相比,合伙企业具有以下优势:第一,合伙企业筹资能力增强。合伙企业可以从合伙人处筹集资本,提高了企业的信用能力。第二,经营风险分散。企业合伙人可以对企业债务承担无限责任,合伙人彼此分担了经营风险。第三,合伙企业经营能力增强,合伙人各有所长,可以从事自己擅长的领域,从而提高企业的综合竞争力。

(3) 合伙企业的劣势

相对于公司制企业而言,合伙制企业存在如下几个缺陷:第一,集资规模受到限制。合伙企业股本转让必须征得合伙人同意,并且合伙人数量不能无限增加,另外,合伙企业对企业债务负无限连带责任,这些因素制约了企业筹集资金的能力。第二,决策过程漫长。每个合伙人都有权参与企业的经营管理,决策必须得到所有合伙人的同意,决策容易延误时机。第三,合伙人关系制约企业发展。合伙人之间的关系通过签订契约的方式形成,不够牢靠,关系一旦破裂会影响企业的发展。

(三)公司制企业的基本特征

业主制企业和合伙制企业筹集资金的能力都十分有限,加上受到自然人特性的制约,这类企业难以进行大规模的经济活动,承担风险的能力比较差。面对着竞争激烈的市场环境、复杂的国际局势和快速的技术更替,企业要生存和发展,必须向公司制企业转变。

(1)公司制企业的基本含义

公司制企业又叫股份制企业,是指由两个以上投资人(自然人或法人)依法出资组建,有独立法人财产,自主经营,自负盈亏的法人企业,是现代产业经济中最重要的企业形态。股份制企业最早在欧洲兴起,在业主制和合伙制企业的基础上发展起来的一种新的企业制度形式。

(2)公司制企业的基本形式

公司制企业主要包括两大类:有限责任公司和股份有限公司。

1)有限责任公司的基本含义

有限责任公司是指由符合法定数量、以出资额为限对公司债务承担有限责任的股东组成的公司,公司以其全部资产对公司债务承担责任。各国对有限责任公司的规定的不尽相同,中国《公司法》规定,有限责任公司的股东人数不能超过50人。

2)有限责任公司的基本特征

第一,股东人数和债务责任受到法律限制

法律明文规定了有限责任公司的最高法定人数,股东可以是自然人,也可以是法人。另外,股东仅以出资额对公司债务负责,投资者和债权人之间并没有直接关系。

第二,募集资金的方式受到法律制约

有限责任公司不能通过发行股票的方式募集资金,只能通过自我积累、金融信贷等方法筹集资本,资本也不划分为等额股份。股东可以通过货币、实物、工业产权、非专利技术、土地使用权等方式出资入股,股金交付后,公司出具股单。但是,股单和股票不同,股单不能自由转让和流转。其转让首先要征得其他股东的同意,并且要优先转让给其他的股东。

第三,设立方式和经营管理机构较为简单

有限责任公司可以通过一人或多人发起设立,但不能通过募集方式设立,程序比较简单。管理机构也较简单,股东会是最高权力机构,有权决定公司一切活动事项,股东按出资比例行使表决权,董事会可设也可不设,各国情况不同,董事可以是股东也可以不是,也没有任期规定。公司账目及资产负债情况无须向公众公开。

3) 股份有限公司的基本含义

股份有限公司是指由法定人数以内的股东出资建立,注册资本划分为等额股份并通过发行股票的方式筹集,股东以其所持股份对公司承担有限责任,公司以公司资产对公司债务承担责任的公司制企业。

4) 股份有限公司的主要特征

第一,股东身份不受限制

股份有限公司的股东可以是自然人也可以是法人,任何愿意出资的人都可以通过购买股票的方式成为股东,股东权利随着股票的转移而转移。公司股东人数有最低界限,《公司法》规定,设立股份有限公司必须有两人以上两百人以下发起人,并且发起人必须有半数以上在国内有固定住所。

第二,股东以其认购的股份对公司债务负责

股份有限公司的全部资本按照一定的标准划分为若干等分,每一份是一股,股东以其认购的股份数量对公司承担有限责任,其只承担与自己认购的股份数额相等的债务义务,当公司负债破产时,股东只以出资额为限对公司债务负责。公司以其财产偿还债务,为了保障债权人的权益,法律规定公司必须遵循资本确定原则、资本维持原则和资本不变原则,在经营过程中公司必须保持基本资本量。

第三,公司可以通过公开发行股票的方式筹集资金

股份有限公司可以向社会公开发行股票,并且股票可以依法转让,但是,股东只要投资入股,就不能抽回股本。筹集资金的方式决定其必须向全体股东、潜在投资者、债权人、政府部门等公众公开披露财务信息,以便社会公众了解公司运转情况。

(四)公司制企业与古典企业的对比分析

(1)股权结构分散化

现代公司的股权结构经历了少数人持股、社会公众持股和机构投资者持股的历史演进过程。随着公司规模的扩大和资本市场的发展,股权结构日趋分散化。社会公众手中普遍持有股票,成为了企业资本能够良好运转的基本保障。但是,过度分散化的股权结构可能产生很多负面问题:首先,股东很难达成一致决策。其次,监督水平弱化,尤其小股东,缺乏参与决策过程的积极性。最后,股东利益容易受到经营层机会主义倾向的侵害。

(2)股权的多元化

新型企业股权结构的多元化是指在全新的资本概念下,企业持股主体的增加,企业经营者和员工也可以成为企业的出资人或

持股者。资本概念已经不再仅仅局限于物质资本或财务资本了,并不是持有物质资本或财务资本的人才能成为企业的出资者,只要能够向企业提供各种服务的所有成员都可以成为出资者,既包括传统意义上的股东,也包括向企业提供人力资本的经营者和雇员。

(3)所有权和经营权的分离

所有权和经营权分离是股权分散化和多元化发展到一定程度的必然产物。20世纪30年代,伯利和米恩斯对美国200家大公司做了深入调查,结果显示:大型企业的管理权正在从私人资产所有者的手中向具有专门技能的经营者手中转移,所有权与经营权出现了分离。这样的一种制度设计大大提高了企业的运作效率,但也产生了一定的负面问题,内部人控制的现象开始出现,高级经理人存在着为了自身利益侵害股东权益的内在冲动,如何调动经理人切实为投资者的利益服务,是现代公司治理研究的一个重点问题。

三、现代企业制度的主要特征

现代企业制度又被称作现代公司制度,是一种适合现代市场经济要求的,在产权结构、治理结构、决策结构以及制约因素等方面有着一定规则的企业制度。现代企业制度有四个基本特征。

(一)产权清晰

产权清晰指的是产权主体多元化的公司的产权关系清晰。法律专门为现代化公司构造了一种法人财产制度,出资者对所形成的财产拥有所有权,而公司拥有法人财产权,出资者的资金一旦投资入股进入企业,就转变为公司的法人财产,出资者丧失了对这部分资金的支配权。要建立具有活力和动力的现代企业制度,就必须清楚界定出资者、经营者、生产者之间的财产权利关系,并努力协调好这种关系。

(二)权责明确

责权利统一是建立现代企业制度行之有效的基本准则。高效的公司必然都有一套所有者、经营者和生产者责权利相互协调、相互约束的组织结构和行为机制。目前惯用的股东大会、董事会、监事会和总经理负责制,就是维系责权利制衡关系的企业组织制度。在这样一种企业组织制度中,最关键的就是处理好总经理的责权利问题。首先,必须坚持能人治企的根本原则。另外,赋予经理人充分的经营权和相对等的报酬,更重要的是使其明白身上的重任。如果其不能履行其应尽的职责,理应受到应有的惩罚。

(三)政企分开

政企分开是建立现代企业制度的根本目的。政府和企业是两种不同的组织机构,政府不应将社会服务职能强加到企业的头上,政府对企业具有管理权,政府可以通过财税、金融和法律手段间接实施调控。但是不能直接插手企业的生产、经营和管理活动。在现代企业制度下,政府应积极协助企业开拓市场,努力构建社会保障体系,减轻企业的社会负担,让企业致力于经济的发展。

(四)管理科学

从广义上说,管理科学包括了企业内部建立科学的管理组织结构,按照权利、决策、执行、监督机构相互独立、相互协调、相互制约的原则,设立股东大会、董事会、经理层、监事会,由总经理负责经营管理人员的聘用和管理。从狭义上说,管理科学要求企业管理的各个方面如质量管理、生产管理、供应管理、销售管理、研究开发管理、人事管理等方面的科学化,以市场需求为中心,以发挥人和科学技术的作用为重点,建立一套科学合理的管理制度。

第二节 文化企业的现代企业制度建设

一、文化企业的一般性

文化企业同工业化企业一样,具有组织性、经济性、商品性、营利性、独立性等企业特征,企业特征是企业自产生以来,各行各业、各种类型的企业共同的质的规定性,是企业与非企业的根本区别所在。下文将简单阐述文化企业的基本特征。

(一)组织性

科斯在《企业的性质》一文中,指出企业与市场是两种不同的资源配置机制,是一系列契约的组合,企业正是在对市场配置资源缺乏效率的情景下产生的,通过组织内部契约的签订节约交易成本。企业通过劳动、土地、资本、技术等生产要素的投入生产出人们需要的产品。通过产品的售卖获得最大化的利润.逐利是企业立身之根本。文化企业是以利润最大化为目标,以文化、创意和人力资本等无形资源为投入要素,提供文化产品和服务(准精神产品),以及运用这些精神内容获取商业利益的组织。企业与个人、家庭明显不同,企业是有名称、组织机构、规章制度的正式组织;而且,它不同于靠血缘、亲缘、地缘或神缘组成的家族宗法组织、同乡组织或宗教组织,而是由企业所有者和员工主要通过契约关系自由地(至少在形式上)组合而成的一种开放的社会组织。

(二)经济性

党的十七届六中全会把文化产业定位为国民战略支柱产业,一方面是强调文化产业对经济增长发展的后劲,另一面强调的是文化产业中文化企业的经济性功能,文化企业作为微观经济主体,在拉动宏观经济平稳、快速增长过程中能够发挥重要作用。文化企业作为一种社会组织，与一般的工业化企业组织相同，不同于行政、军事、政党、社团组织和教育、科研、文艺、体育、慈善等组织，文化企业以经济活动为中心，实行全面的经济核算，追求并致力于不断提高经济效益，本质上是经济组织；虽然文化企业生产的产品具有公共物品的基本性质，具有满足人们公共服务需求的功能，但是它与政府和国际组织对宏观经济活动进行调控监管的机构不同，文化企业是直接从事经济活动的实体，和消费者一样同属于微观经济单位。

（三）商品性

商品性指的是文化企业生产的产品具有商品的基本特性。商品是用于交换的劳动产品，文化企业作为经济组织，不同于自给自足的自然经济组织，生产文化产品的根本目的是用于交换，实现商品的价值，满足消费者的根本需要。文化企业是商品经济组织、商品生产者或经营者、市场主体，其经济活动是面向、围绕市场进行的，文化产品只有销售出去，产品中包含的价值才能够实现。文化企业生产的产品（产品、服务）是商品，生产商品投入的生产要素（文化、知识、网络、人力资本等）是商品，企业作为一种经济组织有明确的产权，这样企业自身可以作为商品进行有偿转让，所以说，企业不仅是以商品生产商品的经济组织，还是"生产商品的商品"。

（四）营利性

经济学假设企业是"经济理性人"，也就是说企业生产的根本目的是为了追求最大化的利润，营利性是企业最根本的目标。文化企业与其他工业企业一样，首要目标仍然是获得利润。但是，文化企业作为商品经济组织，与普通的工业企业又存在不同之处，因为文化企业生产的产品具有准公共物品的性质,其生产的是精神产品,是为了满足人们日益增长的高层次的精神需求。所以说,文化企业的经济效益目标和社会效益目标同等重要,在经济目标和社会目标相冲突的情况下,企业应该更注重社会目标。尤其是国有文化企业更应该在不损害社会目标的前提下追求经济目标。否则就失去了国有文化企业存在的根本意义。

(五)独立性

文化企业是一种在法律和经济上都具有独立性的组织,从法律上讲,作为企业法人,依法独立享有民事权利,承担民事义务和民事责任,与其他自然人、法人法律地位完全平等,没有行政级别、行政隶属关系。从经济上来说,企业是自主经营、自负盈亏、自我发展、自我约束的市场经济组织,拥有独立的、边界清晰的产权,具有完全的经济行为能力和独立的经济利益,实行独立的经济核算,能够自决、自治、自律、自立。所以,不论从法律上讲,还是从经济上说,文化企业都具有独立性的基本特征。

二、文化企业的特殊性

(一)文化企业的边界趋于模糊

文化企业与其他类型工业企业的根本区别是边界趋于模糊,也可以说,企业边界是无限的(李海舰,2005)。传统经济学认为企业都是有边界的,当企业的边际收益和边际成本相等时,企业的生产规模达到最佳,这就是企业的边界。之所以得出这个结论是因为,传统经济学假设,企业生产所需要的基本要素劳动、土地、资本、技术等随着投入的不断增加,边际成本不断提高,边际收益不断递减。企业所有者为了获得最大利益,不可能让边际成本大于边际收益的现象出现,当边际成本曲线和边际收益曲线相交时,企业的边界就形成了。

文化企业是技术高速发达时期产生的,而且生产文化企业产品所需的投入要素与传统的工业企业不同,传统工业企业需要投入的是劳动、土地、资本等有形生产要素。而文化企业需要投入的基本要素是文化、网络、知识等无形生产要素。这些生产要素随着投入的增加,边际成本并不会发生递增,边际成本出现了递减和不变的情况。文化企业生产的产品是为了满足消费者的精神需求,随着消费量的不断增加,边际收益不会递减,反而递增,或者边际收益不变。这样,递减或不变的边际成本曲线与递增的或不变的边际收益曲线永远都不可能相交在一起,所以说文化企业的边界趋于模糊,或者说是无边界的。文化企业的边际成本曲线和边际收益曲线的组合无非有如下几种情况:

第一,边际成本递减,边际收益递增。

递减的边际成本曲线和递增的边际收益曲线没有交点,所以企业没有边界。以微软为例,为了扩张规模,巩固市场地位,其在全球范围内寻找战略合作伙伴,中国创智、中软、神州数码三家软件公司都已和微软签订了协议,共同开发基于微软 NET 平台的行业应用解决方案。通过此种方式,企业的边界得到了扩张,但是边际成本是非常小的,满足了边际成本递减的规律。另一方面,对于消费者而言,基于微软 NET 平台软件的用户越多,此软件的市场价值就会越大。随着用户数量的增加,边际收益是递增的。

第二,边际成本几乎为零,边际收益不变

文化企业的边际成本递减接近于零,边际收益在边际成本的上方保持不变。边际收益和边际成本不会出现交点,所以企业没有边界。以网上音乐售卖为例,对于音乐网站来说,其要通过网站售卖音乐,必须首先向唱片公司购买歌曲的版权,这是网站最大一部分成本投入。买到版权之后,唱片公司就有权在网站上通过用户付费下载的方式售卖歌曲,网站只需拿出小部分费用维护网站即可。所以用户每下载一次,企业的成本并不会发生改变,或者改变很小。也就是说网站的边际成本几乎为零。每首歌曲的下载费用是固定不变的,也就是说边际收益是不变的。由于边际成本几乎为零,边际收益不变,所以,网站企业是没有边界的。

第三,边际成本不变,边际收益不变

边际成本曲线和边际收益曲线不变意味着两条是平行线,平行线永远不可能相交。以百盛餐饮集团为例,其拥有肯德基、必胜客和塔可钟三大餐饮品牌,其在全球拥有雄厚的品牌优势。在中国大陆,每一家申请加盟肯德基的投资者,除要支付800万元人民币以上的餐厅加盟费用外,还要向百胜餐饮集团支付加盟经营首期费36000美元,并在以后的经营中将每月总销售额的6%作为加盟经营权使用费。对于百胜餐饮集团来讲,在企业边界的扩张中,需要做的是将已经十分成熟的体系在全球范围推广,体系运转模式基本固定,每个加盟商都按这个体系运转,所以每个加盟商产生的成本基本固定,加盟后能够每年给企业带来的收益基本不变。目前,全球每个国家几乎都有百盛餐饮集团的公司,此现象也充分说明,百盛餐饮集团公司的边界是无限的。

(二)文化企业上市标准更加苛刻

自从党和国家颁布《文化产业振兴规划》以来,党和国家出台了各种政策法规鼓励文化产业的发展,并且鼓励有条件的文化企业上市。2010年,国务院颁布了《关于金融支持文化产业振兴和发展繁荣的指导意见》,"推动符合条件的文化企业上市融资。支持处于成熟期、经营较为稳定的文化企业在主板市场上市。"文化企业上市必须符合三个要求:国有股达到一定控股比例;导向符合国家要求;电视台、报刊类企业的经营采编要分开,即经营权可以剥离出去,但是采访、编辑部分禁止进入。

文化企业改制上市还要注意两个问题:一是文化企业的上市审批程序与一般企业不同。文化企业改制上市,除了地方省级政府批准外,还需要得到国家广电总局、新闻出版署和中宣部的许可。二是资质许可方面也有特定要求,企业的营业执照需要通过省级以上工商部门核准,相关企业的许可证需要经过国家新闻出版总署核发,相关商标注册需要通过国家商标局的核发。

(三)文化企业生产的产品的特殊性

文化企业与其他类型工业企业之间的区别主要体现在其生产产品的特殊性上,文化产品的特殊性主要体现在其价值导向性、二次售卖性、公共物品性、正负外部性等方面。

(1)文化产品的价值导向性

文化产业被定位为国家战略支柱性产业,一个很重要的原因是其肩负着传播核心价值理念、满足人类精神文化需求、提高国家核心竞争力的使命。按照十八大精神,社会理论界把中国核心价值观概括为"富强、民主、文明、和谐、自由、平等、公正、法制、爱国、敬业、守信、友善"。这二十四字体现了党的集体智慧,是一代代中国人价值探索的成果。文化企业在产品和服务的创作和生产上必须遵循核心价值观,这是文化企业立足之根本。核心价值观已经成为政府文化管理部门对文化企业产品监督和管理的一个重要参考标准。此处必须澄清的一点是遵守核心价值观并不是说没有促进核心价值观的实现就一定要限制、处罚或者没收,文化企业只要不触碰社会主义核心价值观反对的"不守信"、"不文明"、"不友善"等价值观念,文化企业就可以合理存在。

(2) 文化产品的意识形态性

文化是联系一个国家和民族的精神纽带,文化是民族的精神支柱,是民族生存和发展的灵魂,是哺育和传承民族生命力载体,文化产品与物质产品的根本区别是其具有的意识形态性。必须高度重视文化的意识形态属性,否则,在当今日趋于复杂的国际环境中,在当今世界各种文化思想相互碰撞的火花中,我们很可能会失去中国特色的文化阵地。为了提高我国的文化整体竞争力,切实维护国家战略利益和安全,为了在国际文化强国相继进入中国市场的背景下,战胜世界文化集团,我们必须贯彻落实中央领导的讲话精神,"始终坚持党对文化工作的领导,坚持马克思主义在意识形态领域的指导地位,坚持社会主义先进文化的前进方向。"违背了这三个基本原则,任何一个文化企业都不可能有出路。

(3) 文化产品的二次售卖性

文化产品与物质产品不同。当物质产品被销售出去后,生产者不可能再从该物品中获得任何利益。因为买卖交易成功后,产品的所有经济属性都转移给了买方。物质企业一次生产出一种产品、经历一次售卖。文化企业一次生产出两种产品、经历二次售卖。以传媒企业为例,其生产出来的产品具有多种外在表现形式,比如:广播电视节目、音像制品、电影、书籍、互联网上的内容等等,总体上可以分为两大类:内容和广告资源。传媒企业向其他物质企业一样,向消费者首先提供满足精神需求的内容。消费者购买磁带、书籍、电视节目、报纸等是为了获得这些载体呈现的内容。内容并不会随着消费者数量的增加而减少。但是,消费者在消费传媒产品的时候,已经在无意识的情况下变成了传媒企业生产的另外一种产品——受众的注意力(广告资源)。内容是传媒企业的本质属性,受众的注意力随着内容的产生而产生,并且随着内容消费量的增加,受众的注意力会得到集中,传媒企业就可以把受众的注意力以高价钱卖给广告商。理解了传媒产品的特性之后,就不难理解有些传媒产品不需要花钱消费的原因了。

(4)文化产品的公共物品性

按照是否具备排他性和竞争性,可以把产品分为四大类:纯公共物品、私人物品、公共资源和寡头垄断。同时具备非排他性和非竞争性的物品是纯公共物品,同时具备排他性和竞争性的物品是私人物品,同时具备非排他性和竞争性的物品被称作共有资源,同时具备排他性和非竞争性的物品称作寡头垄断(俱乐部物品)。共有资源和俱乐部物品被称作准公共物品。有的文化产品具有私人产品的性质,比如:书籍、杂志、报纸、录音带等。如果消费者购买了一本书籍、一份杂志、一张报纸,就减少了书籍、杂志和报纸的消费数量,其他消费者就不能在没有得到所有者同意的情况下阅读杂志、报纸和书籍。有的文化产品具有公共物品的性质,比如:有线电视、电影、广播等。一个人对有线电视、电影、广播的消费,并不会减少其他人的消费,也就是说这些产品具有非竞争性,但是,通常情况下,看有线电视、电影,听广播需要付出费用,所以一般认为广播、电视、电影等属于准公共物品。

(5)文化产品的正负外部性

外部性指的是一个人(企业)的行为对旁观者的福利产生了影响,但却不需要为自己的行为负责的经济现象。外部性分为正外部性和负外部性。正外部性指的是对旁观者的福利产生了积极影响,但却不能从这种正面影响中获得任何回报。负外部性指的是对旁观者的福利产生了负面影响,但却不需要为他的行为付出任何成本。文化产品的生产是为了满足人们的精神需求,精神产品并不会因为人们的使用而减少或消失。一件好的文化产品能够留给世世代代的人欣赏,并给人以正能量。文化产品的生产者不可能得到文化产品能够带来的所有好处,此时文化产品就具有了典型的正外部性特征。而有些文化企业为了迎合市场,博得观众的注意,生产了包含性、暴力内容的文化产品,这些文化产品给儿童、未成年人带来了较大的不良影响。据可靠资料显示,收看暴力电视节目的儿童往往表现出更高的攻击性,具有暴力倾向。

三、转制文化企业现代企业制度建设

文化企业既具有企业的一般属性,又具有明显的意识形态属性。文化企业的意识形态属性必须依托文化企业的实力和影响力,只有文化企业在市场竞争中保持较强的竞争力,才能发挥意识形态的传播功能,只有文化企业发展和壮大,才能有效地把社会效益和经济效益有机统一。文化企业建立企业制度既符合企业发展壮大的内在规律,又符合我国现实的国情。

(一)现代企业制度理论为文化企业建立现代企业制度奠定了理论基础

交易费用理论、委托代理理论和产权理论为转制文化企业建立现代企业制度奠定了理论基础。交易费用理论拓展了企业理论,界定了企业和市场的边界,解释了企业存在的根本原因。交易费用理论作为解释企业行为的基本工具,对于企业建立现代企业制度具有指导意义。

委托代理理论研究了企业的内部组织结构,开创了对企业内权力结构的标准化研究。就企业投资者和经营者的权利关系进行了分析,设计了一套刺激经营者努力为投资者赚取合法利益的有效机制。委托代理理论不但可以对权利所有者之间的关系进行合理解释,而且其可以把国有企业中的所有者与经理、经理与雇员、

企业股东与经理、人民与政府等关系纳入到委托代理的分析框架之中,从而为设计有效的内部激励机制提出了理论依据。

产权理论是经济学理论的基石,产权明晰是市场经济能够有序发展的前提条件。产权界定得是否有效和清晰直接关系到经济的健康发展。建立产权制度能够使人们知道如何运用正确的方法获取资源,并能够使人们准确地预期到违反产权制度安排将会受到的惩罚。产权具有减少不确定性、外部性内在化、激励功能、约束功能、资源配置功能、收入分配功能等。现代企业制度建设的前提在于界定清晰的产权,只有产权清晰,才能权责明确,管理才能科学,可以说,产权理论对于企业建立现代企业制度起到至关重要的作用。

(二)国内外一般企业建立现代企业制度的实践为转制文化企业建立现代企业制度提供了借鉴

从世界范围来看,十九世纪四十年代,美国铁路公司经过改造,成为世界上第一家建立现代企业制度的企业,现代企业制度与传统的企业相比,企业所有权和经营权相分离,职业经理开始出现,现代企业制度的建立便于企业筹集资金、扩大企业规模、分散企业经营风险、促进企业可持续发展,直到二十世纪三十年代,现代企业制度基本形成。目前,绝大数世界500强企业都建立了现代企业制度。

从中国企业改革发展的历程来看,我国国有企业先后经历了"放权让利"、"利改税"、"拨改贷"、"承包制"、"股份制"等多个阶段,尽管这些改革在当时都起到了积极作用,但其局限性也非常明显,即始终无法彻底解决企业的经营活力问题。随着国有企业改革的深入,在党的十五大报告中,明确提出建立现代企业制度,要求企业建立以"产权明晰、责权明确、政企分开、管理科学"为特征的现代企业制度,经过近20年的改革和实践,尽管现代企业制度建设依然任重道远,但是,也积累了很多经验和教训,这为我国转制文化企业建立现代企业制度打下了基础。

国内外一般企业建立现代企业制度的实践表明,现代企业制度是以市场经济为基础,以企业法人制度为主体,以有限责任制度为核心,以"产权清晰、权责明确、政企分开、管理科学"为条件的新型企业制度。现代企业制度有完善的法人治理结构,决策机构、执行机构、监督机构,相互制约。现代企业制度建立了一整套激励、约束机制,管理科学,运营高效,为我国转制文化企业建立现代企业制度提供了借鉴。

(三)文化企业的意识形态属性为文化企业建立现代企业制度提出了更高要求

文化企业与一般企业最大区别在于,文化企业不但具有经济商业属性,而且具有意识形态属性。文化企业涉及到文化安全和意识形态阵地的问题,文化企业一方面作为市场竞争主体,积极参与市场竞争,向消费者提供文化产品,获得经营收入和利润;另一方面承担民族文化的传承和创新,价值理念的引导,意识形态阵地的坚守等任务。所以,文化企业要把社会效益放在首位,实现社会效益和经济效益的有机统一。

文化企业的意识形态属性决定了转制文化企业建立现代企业制度必须强调党的主导作用,尤其是国有传媒文化企业必须姓党,在现代企业制度建设过程中积极发挥党的政治核心作用,确保国有传媒文化企业体现党的意志。

第三章 河南转制文化企业现代企业制度建设现状及原因分析

第一节 河南转制文化企业转企改制基本概况

自 2003 年以来,河南省根据中央部署,积极推进文化体制改革,经过 10 年的努力,取得了很大成绩,总体上已经同市场经济相融合,运行质量和效益明显提升,在国内市场竞争中涌现出中原传媒集团、河南文化影视集团等一批具有核心竞争力的骨干企业,为推动河南经济社会发展、转型升级、保障和改善民生、建设"四个河南"、促进中原崛起做出了重大贡献。截止到 2015 年 1 月,除 303 家非时政类报纸没有完成转企改制外,已基本完成文化单位转企的任务,出资人制度初步建立,并在"管人、管事、管资产、管导向相结合的国有文化资产管理体制"的大背景下,逐步探索和推进国有文化企业治理结构建设。根据调研得到的情况,转制文化企业基本上完成三项制度改革,用人机制灵活,市场意识增强,担当意识增强,内部运营机制明显改善。一些企业通过改制,发展势头良好,表现出较强的市场竞争力,并走在了全国前列,比如河南文化影视集团、商丘演艺集团等。还有企业进行了股份制改造,让员工入股,比如中原出版传媒集团下属子公司《中学生学习报社》有限公司成立河南省炳烛教育文化信息传播有限公司,公司占51%的股份,员工占49%的股份。

　　同时,我省转企改制工作进展不均衡,有的改得快,转得好,有的改得慢,转得差。在转企改制过程中,仍然存在一些亟待解决的突出矛盾和问题,一些企业市场主体地位尚未真正确立,现代企业制度还不健全,国有资产监管体制不完善,国有资本运行效率不太高;管办不分、政资不分、政企不分的现象依然存在;一些文化企业管理混乱,内部人控制、利益输送、国有资产流失等问题突出,企业办社会职能和历史遗留问题还未完全解决;一些企业党组织管党治党责任落实不到位、作用被弱化,不能够很好地发挥政治核心作用;在决策机制、运营机制、监督机制等方面还需要进一步改进。在人才培养、人才选用、人才激励等方面还有待改善。

第二节　河南文化企业转企改制取得的成绩

一、用人机制比转企改制更前灵活

文化单位转企改制后，一个明显的效果就是，文化企业能够自主用人，改制前，文化单位属于事业单位，编制紧缺，引进人才要等到在编人员退休，腾出编制后，才能招聘人。改制后，文化企业就可以根据实际业务需要，从市场上招聘人才，这对改善人才结构，激发企业提高效率起到非常大的作用。河南中原出版传媒集团对下属新华书店采取末位淘汰制，通过变压力变动力，提高书店经营效率。很多企业形成能上能下，能进能出的动态用人机制。

二、市场意识增强

转制后的文化企业直接面对市场，作为市场主体必须面对激烈的市场竞争，为了在竞争中生存和发展，很多企业市场意识明显增强，并以市场为导向开展经营活动。比如河南影视集团积极走出去，在海南、河北、陕西等省开设分支机构，在西安拥有80%左右的市场占有率。再比如商丘演艺集团，采用"集团化＋经纪公司＋市场"的运作模式，艺术创作部门生产出来的艺术品由营销单位的经纪人负责向社会宣传、营销，再由艺术表演团体进行演出。在董事长陈新琴的带领下，积极开拓市场，不断提高演出质量，得到市场的认可，演出由原来的每年平均1500多场，增加到每年平均2000多场，效益也明显增加，演员及员工积极性得到了很大提高，使公司进入良性循环。总之，改制比不改制好，改得早比改得晚好。比如河南有线电视网络集团为例，建立了比较完善的法人治理结构,全员竞聘上岗,实行合同制,绩效工资,收入与绩效挂钩。财务统一管理,全部网上办公,固定资产购置统一招标,统一管理,成本节约明显,效果非常好。河南文化影视集团法人治理结构也比较健全,正在进行股份制改造。

三、形成三种法人治理结构

由于河南国有文化企业大多数是从文化事业单位脱胎而来,其企业化、公司化、市场化的进度各不相同,处在不同的发展阶段,与之相应,也产生了不同的企业治理结构。从最初阶段的非上市企业型,到完成公司化改造的非上市公司型,再到上市公司治理轨道的高度市场化类型。

通过对河南转企改制的文化企业进行总结分类,河南国有文化企业治理结构主要分为三种类型。

(一)已完成转企改制,还没有公司制改造

这部分国有文化企业刚从经营性事业单位转制而来,目前仍以全民所有制或集体所有制企业形式注册,尚未进行公司制改造。比如各地市报业集团,只是改一个名字而已,非时政类报纸并没有独立成为一个企业,实际上仍是事业单位,面临着从全民所有制企业或集体所有制企业向现代企业制度转型发展的问题,科学的企业治理结构建设任重道远。

(二)已进行公司制,还没有上市

这部分国有文化企业基本实现公司制或股份制改造,从形式上完成了向现代企业制度的转型,但还没有上市。这些企业基本建立了现代企业制度,但仍存在法人治理结构不完善、相关制度和机制运行不畅等问题。比如河南文化影视集团有限公司、河南有线电视网络集团有限公司等,这种情况目前数量并不多。

(三)完成股份制改造,并且上市的公司

已经上市,并按照上市公司要求建立起较完备的治理结构的国有文化企业,积极探索公司制、股份制改造的方法,逐步完善法人治理结构。目前,只有中原大地传媒股份有限公司这一家企业。

第三节 河南文化企业转企改制过程中存在的问题

由于宏观体制改革不到位,转企改制不彻底,国有文化企业具有特殊性,转企改制后的文化企业还存在投资主体单一、管办不分、政企不分、政资不分、活力不足、竞争力不强等问题。

一、国有文化企业转企改制不彻底

河南国有文化企业主要从经营性事业单位转制而来,刚刚脱胎于事业体制,与主管部门没有完全脱钩,独立性、自主性不强,在经营决策、人事行政、资产财务等方面对主管主办部门还存在很强的依赖性,对行政的依附地位没有改变,但是出资人对企业的管控反而偏弱。转制后的国有文化企业对市场经济熟悉程度不高,适应市场能力不强,忧患意识缺乏,行政思维根深蒂固。部分专家认为,转企改制前是"事业单位企业化管理",转企改制后是"企业单位事业化管理",此话不无道理,转企改制后的文化企业还不能称为真正意义上的企业,还需健全法人治理结构。

一些单位只是换个名字,并没有进行实质性改革,比如河南日报报业集团、河南演艺集团等,虽然名称变化了,但根据侧面了解,效果并不明显。即使转制比较成功的商丘演艺集团,距离现代企业制度的要求也有很大距离,股份制改造难度非常大。产生这种情况的原因有三种情况,一是转制后企业自身不主动、不积极、不愿意脱离原有体制;二是主管部门也不愿意主动改变目前的资产管理体制;三是国内文化企业改革没有形成倒逼环境。

二、文资办没有成立,出资人制度落实难

建立和完善出资人制度是健全国有文化资产管理体制的核心。目前,我省还没有建立出资人制度,出资人管理还不到位,出资人权责不明确。出资人制度不建立,出资人管理关系就很难理顺,政企不分、政资不分、管办不分就很普遍;出资人管理职能也很难到位,出资人对出资企业的产权管理、财务管理、绩效考核等资产基础管理业很薄弱,出资人管理方式就不会完善,由于出资人制度和相应机构没有建立起来,国有文化资产出资人缺乏相应的专门机构来具体执行资产管理。

目前全国有 16 个省或直辖市成立了国有文化资产管理办公室,统一管理国有文化企业资产,打破条块分割,实现管办分离。而河南省还没有成立国有文化资产管理办公室,企业文化资产依然归部门管理,比如河南文化影视集团、河南有线电视网络集团、河南影视制作集团属于河南广电局管理,而河南出版传媒集团是省国资委管理,这种资产管理不统一,可以说是不同的文化企业归不同的"婆婆"管理,就难免会出现因部门利益而影响企业的经营管理。即使新成立的大河网络传媒集团和大象融媒体集团,其资产仍然分属广电局和河南日报报业集团,资产仍然不统一,对河南文化企业的布局产生很大影响。这与管人管事管资产管导向相统一的提法相矛盾。文资办不成立,资产管理就不统一,政企不分情况就比较严重。

三、吸引战略投资者动作慢,股权结构还不够优化

根据调研,转制文化企业依靠内生动力,很难在较短的时间内做优做大做强。以有线电视网络为例,全国上市的有线电视网络企业收入加到一起才 200 亿,和郑州市电业局的收入差不多,这说

明国有文化企业规模普遍较小。文化企业做大做强必须与资本结合,与其他行业相互渗透。我们河南国有文化企业也有成功的经验,以河南有线电视网络集团为例,通过引进中信集团9.25亿资金,迅速壮大了企业规模,优化了产权结构,加速了企业的发展速度,增强了盈利能力,2013年除去还贷的3个亿,还盈利1.1亿元。目前,河南有线电视网络集团发展势头强劲,不过,如果要完成股份制改造,还需要大概30亿元的资金,如果再进一步引进战略投资,就可以把全省剩下的52个县的有线电视网络股权收购过来,基本完成股份制改造,为企业早日上市做好准备。引进战略投资者不仅仅能壮大我省文化企业的规模,也能引进先进的管理模式,优化股权结构,健全治理结构。河南有线电视网络集团的做法值得借鉴和推广。

目前我省真正引进战略投资的企业,为数不多,河南文化影视集团,管理水平高,转企改制比较彻底,股份制改造思路清晰,措施也比较有效,也想积极引进战略投资,但因为种种原因,在引进战略投资方面效果一直不理想,国内院线竞争非常激烈,市场门槛较低,同时,院线市场发展迅速,如果因为在引进战略投资方面失去机会,延迟股份制改造,就可能逆水行舟,不进则退。所以,请主管部门多关注河南省文化影视集团,给予政策扶持,积极推动河南文化影视集团的股份制改造,根据我们研究组的调研,河南文化影视集团是目前具备股份制改造条件为数不多的企业。

在调研河南出版传媒集团的时候,也面临着同样的问题,河南出版传媒集团也认为,引进战略投资对改善企业股权非常重要,建议主管部门把河南出版传媒集团建设成为河南文化产业发展的融资平台。

总之,引进战略投资,优化企业股权结构,是调研文化企业的共同心声。考虑到文化企业的意识形态属性,河南文化企业在引进战略投资的时候可以遵循先引进国内同类国有传媒的资金,再引进一般国有企业资金,再引进民营企业资金,条件成熟时,可以根据文化企业的特点,有选择的引进国外资金。做到积极稳妥,统筹兼顾,循序推进,稳步发展。

四、股份制改造滞后

目前,真正完成股份制的转制文化企业并不多,尽管大地传媒通过借壳上市,完成了股份制改造,但是依然存在股权结构不合理的问题,一股独大现象明显。河南出版传媒集团是河南国资委100%控股,河南出版传媒集团作为母公司,控股大地传媒75%的股份,在全国上市的出版传媒企业中,国有控股比例最高。河南有线电视网络集团虽然作为河南省的重点文化企业,准备上市,但股份制改造还没有起步。由于股份制改造落后,转制文化企业长期激励机制并没有建立起来,绝大部分转制文化企业只是采取简单的年薪制和绩效工资。

五、改革动力不足

无论是文化企业的领导者、管理者、基层员工,还是主管部门,都缺乏改革的动力。改革意味着利益再分配和调整,企业领导者和员工都不适应身份的改变,都不想把自己的事业单位身份变成企业身份,企业领导者也不愿意因为改革使自己失去向行政转换的通道。

六、转制文化企业文化建设落后

企业文化作为企业制度运行的润滑剂,对企业经营管理起到约束、激励、导向等作用。通过调研,发现很多转制文化企业还不重视企业文化建设,对企业文化建设理解不深,还没有建立与市场经济相对接、与现代企业制度相适应、与自身特点相适应的企业文化。

七、转制文化企业人事自主权依然较小

转制文化企业虽然在普通员工的聘任方面取得了自主权,可以根据企业需求,自主聘任员工。但对于经营管理人员,主管部门仍然起最终决定作用。以河南出版传媒集团为例,集团一把手属于正厅或副厅,归省委组织部任命,中层正职任命需要提前报省委宣传部备案,省委宣传部同意后,中层任免才能通过。地市的文化企业的人事任免也是这样的情况。这里需要指出的是,有些现象很奇怪,很多企业的中层管理人员也愿意接受主管部门的任命,上级主管部门的任命意味着自己依然具有行政级别,自己不但是部门经理,也是具有副科、正科、副处、正处的身份。官本位的心态依然困扰着企业的进一步改革。

八、人财物管理分离,企业自主权受到体制机制约束

基于文化企业的意识形态特殊属性,人财物管理分离(国资委管资产,宣传部管人事)直接或间接地导致资本投入、项目运营、人财物资源调配的管理运作不畅,责权利不明确。企业缺乏独立的人事任免权,管事不管人,管人不管事的情况在某种程度上还依然存在。企业缺乏独立的兼并重组权,在企业从事投资、资源整合和重大项目运作时,受到体制机制制约的现象比较明显,难以破局重塑企业核心竞争力。

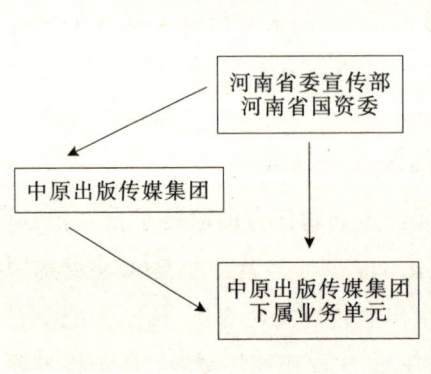

九、缺乏完善的激励机制

经营者报酬与公司绩效不对称。根据调查结果显示,虽然文化企业经营者获得了比改制前更高的收入,但是与其对公司的贡献相比,收入水平仍然偏低。股权激励机制尚没有建立,薪酬激励机制受到约束。

高层管理者的激励和约束手段不对称。所有者缺位依然存在,所有者的缺位必然导致经营人员的职责模糊,对经营者的约束不力。目前,国有文化企业尚没有设计出关于经营人员的科学的考核办法,经营管理人员往往利用信息优势为自己谋取福利。经营管理者是由行政机关任命,"对市长负责而非对市场负责"、"负赢不负亏"的现象仍然存在。

员工工作能力和收入不相符。在员工激励体制方面,河南省很多文化企业转制前和转制后几乎没有改变。新旧体制员工的收入没有拉开差距,知识型员工与普通员工的收入没有拉开差距。

转制后的文化企业在薪酬机制的设计中并没有特别重视知识型员工对企业的贡献,员工之间的收入并没有合理拉开差距。

第四节 河南文化企业转企改制存在问题的原因分析

一、我国整体国有企业改革的落后

我国自十五届四中全会以来,就提出建立现代企业制度,一直到现在,现代企业制度建设效果都不明显,具有意识形态特点的国有企业,不可能超越一般国有企业改革的难题,达到预期的改革效果。一般国有企业在现代企业制度建设过程中存在的问题,国有文化企业同样存在。从工业企业和金融企业改革的过程和经验来看,国有资产管理体制到现在依然处在不断完善的过程,国有文化资产管理体制不可能一蹴而就和一劳永逸,而是一个不断探索、逐步完善、循序渐进的漫长过程,但过程漫长不意味着不作为,而是要迎难而上,攻坚克难,按照中央相关精神和兄弟省份的经验,做好目标设计、路径选择,不断细化和完善我省国有文化资产管理体制。

二、文化企业具有特殊性

目前,我省转企改制文化企业在现代企业制度建设方面之所以没有预期的那么好,就是因为文化产品具有明显的正外部性,短期内靠市场无法解决改革带来的问题。由于转企改制,文化企业就会以市场和利润为导向,从事营利的活动,一些不盈利但社会上又必需的文化产品,就会因为转企改制,而无法向市场提供,导致市场失灵。

国有文化企业的性质应该是承担公共责任和公共使命的功能性文化企业,即对于传播社会主义核心价值观、掌控意识形态话语权和传播权、传播社会正能量、在巩固和壮大主流舆论和意识形态阵地中负有公共责任,在公共文化产品和准公共文化产品上发挥着主导作用的企业。其主要范畴包括新闻出版、广播电视、新媒体中的经营性文化单位,代表国家水准和具有民族特色、担负文化传承的文艺院团等。功能性文化企业作为市场微观主体,具有稳定的经营业务,遵循市场规则,独立自主,自主经营,自负盈亏,所以不同于一般的文化事业单位和从事经营活动的文化社会团体。同时,文化企业又能有效贯彻党和国家的政策意图,承担公共责任和公共使命,保障公民的基本文化生活权利,向公众提供公共文化产品与服务,关系到国家政治安全、意识形态安全和文化安全,所以需要政府的大力扶持,并通过政府规制和特别安排,明确权利和义务,规范其行为,做到以社会效益为主,使社会效益和经济效益有机统一。

文化企业的特殊性决定了文化企业在现代企业制度建设过程中,既要遵循市场规律,让文化企业成为真正的企业,参与市场竞争,通过市场竞争力,体现社会影响力;同时又不能简单套用一般国有企业现代企业制度和国外文化企业现代企业制度建设的模式。这就决定了经营性文化单位转企改制的复杂性、系统性和滞后性。

三、观念落后

以浙江报业集团,杭州日报为例,就可以通过股份制改造,把经营资产剥离,进行上市,湖北依托湖北日报报业集团成立新媒体集团,进行上市,而河南日报报业集团在转企改制方面认识并不十分到位,受意识形态影响较重,所以,在改制方面只是换个名字而已,并没有实质上的变化。另外受到官本位思想影响,过多留恋事业编制身份，不愿意转变身份，认为由处长变为经理，就是社会地位的降低，这也阻碍着文化单位转企改制和现代企业制度的建设。

四、利益障碍

转企改制的过程就是利益再调整、再分配的过程，在转企改制过程中，无论文化单位管理者、员工还是主管部门的利益都会受到影响。

首先文化单位管理者，原来是处长或者科长，现在变成总经理或部门经理，社会地位降低。在没有转企改制以前，实行事业单位，企业化管理，即使经营不好，只要不犯错误，也可以到政府部门去任职，转企改制后，这种身份相互转换的通道被切断。同时，事业单位变成企业，进入市场，面对竞争，收入变得不确定。所以，从管理者角度看，管理者推动改革的动力并不足。

其次是员工，作为员工，更不想转换身份，一是长期习惯于事业单位的管理方式，不管单位经营如何，旱涝保丰收，社会福利也有保障。二是转企改制意味着企业员工面向市场竞争，不论是收入还是社会福利都有很大的不确定性。所以，员工在转企改制过程中积极性也不太高。

再次是主管部门，文化部门转企改制，意味着企业由行政管理导向，转向市场导向，根据新修改的《公司法》，公司的自主权明显加大，主管单位由原来直接控制下属单位，变成利用法律、制度、政策、市场等方式指导企业，控制权减小，意味着利益的损失。

以上分析，无论是企业管理者、员工，还是主管部门都缺乏进一步改革的动力。

五、国有文化资产管理体系没有建立

我省仍然没有有效解决转制文化企业"主管主办"不分、"政企不分"、产权不明晰等问题,管人管事管资产管导向依然没有实现。产生这些问题的原因有很多,但其中非常重要的原因就是,国有文化资产出资人机构没有成立,资源无法统一调配,资本没有统一管理。这就需要省委省政府下定决心,打破部门利益,成立文化资产管理监督办公室(文资办),从体制上解决管办不分的问题。

第四章 河南转制文化企业建立现代企业制度对策

河南转企改制文化企业建立现代企业制度需要做到三个结合。一是结合经典理论,以交易费用理论、委托代理理论、产权理论等理论为指导,并把这些经典理论灵活运用到转制文化企业现代企业制度建设中去。二是结合国家法律、政策,国有文化企业改革政策性很强,要依据新修订的《公司法》和国务院颁布的法规、条例、政策等,积极推进转制文化企业现代企业制度建设。三是结合河南省转企改制文化企业实际情况,在借鉴其他省份先进经验的基础上,积极稳妥推进转制文化企业现代企业制度建设。

第一节 继续推进国有经营性文化单位转企改制

一、转变政府职能,继续推动国有经营性文化单位转企改制

近年来,在省委省政府的正确领导和大力支持下,河南国有经营性文化单位转企改制比较顺利,绝大多数经营性文化单位已经转企改制,但是还有一小部分没有完成转企改制的任务,或者在形式上完成转企改制任务,并没有在实质上进行转企改制,只是变换

一下单位名称。非时政类新闻出版单位,比较敏感,转企改制效果不很明显。

转企改制是建立现代企业制度的第一步,接下来的任务就是按照"产权明晰、责权明确、科学管理、政企分开"的原则,继续积极稳妥地推动国有经营性文化单位进行转企改制,加快公司制、股份制改造。进一步理顺党和政府部门与文化企业之间的关系,政府职能由"办文化"向"管文化"转变、由"直接管理"向"间接管理"转变、由"管微观"向"管宏观"改变、由"管资产"向"管资本"转变,逐步实现政企分开、政事分开、政资分开和依法管理。

今后的任务就是对于转企改制情况较好的河南文化影视集团、河南有线电视网络集团等文化企业积极推动股份制改造,为公司上市创造条件,在股份制改造过程中,要做好员工身份转换及利益保护工作。鼓励文化企业子公司积极探索股份制改造,推动股权多元化。对于303家没有完成转企改制任务的非时政类报刊出版单位,要继续推进生活、科技等非时政类报刊出版单位转企改制工作,把转企改制与推动报刊资源整合、报刊结构调整、治散治滥结合起来,"关停并转"一批不符合资质或严重亏损的报刊,提高报刊集中度。

二、分类推进,打造文化企业融资平台

文化体制比较复杂,涉及到意识形态属性,广播电视和时政类报纸意识形态很强,新媒体、出版、发行意识形态不是太强,电影电视信息传输、播放、发行意识形态也不是太强,这就根据意识形态属性,先易后难,分类推进,不搞"一刀切"和"一风吹",做到稳中求进,又稳又快。根据河南现状,主管部门需要抓3~5个典型文化企业,提供优惠政策,加速河南文化影视集团、河南有线电视网络集团等企业股份制改造进程,通过尽早上市,把这些企业打造成河南文化企业的融资平台,让河南的优质文化资产通过兼并重组,提高文化资产的证券化比率,使河南文化资产流动起来。

三、分类进行,明确要求

商业类文化企业要实行公司制股份制改革,积极引入其他国有资本或各类非国有资本实现股权多元化,国有资本可以绝对控股、相对控股,也可以参股,并着力推进整体上市。公益类文化企业可以采取国有独资形式,具备条件的也可以推行投资主体多元化,还可以通过购买服务、特许经营、委托代理等方式,鼓励非国有文化企业参与经营。通过界定功能、划分类别,实行分类改革、分类发展、分类监管、分类定责、分类考核,提高改革的针对性、监管的有效性、考核评价的科学性[1]。

四、继续实施增量改革,完善配套措施

目前,文化体制改革之所以不能冒然加快,就是因为文化产品具有明显的正外部性,短期内靠市场无法解决改革带来的问题。由于转企改制,文化企业就会以市场和利润为导向,从事营利的活动,一些不盈利,但社会上又必须的文化产品,就会因为转企改制,而无法向市场提供,导致市场失灵。这就需要政府部门从两个方面着手,一是加大政府购买的力度,通过政府购买的形式,解决公共文化产品的供给不足的问题,同时,通过政府购买也能有效引导文化产品生产创作的导向;另一个方面,鼓励民营文化企业的发

---

[1] 党的十八届三中全会《决定》学习辅导百问[C]. 北京:党建读物出版社,学习出版社,2013年11月.

展,让民营企业积极参与一般文化产品市场的竞争,对转制文化企业采取倒逼机制,推动转制文化企业通过改制提高经营效率,提高市场竞争力。

第二节 健全国有文化资产监管体制

从调研的情况看,文化企业改制依然不彻底,只是完成形式上的转企,深层次的改制还远没有完成,政企不分,管办不分的现象依然存在,转制文化企业受到主管部门的直接干预依然较多。文化企业资产依然归属于不同的主管部门,各管一摊,资产管理不统一。

主管部门要紧紧围绕从整体上搞好搞活我省国有文化企业、发展壮大国有文化经济和实现国有文化资产保值增值,为建立健全现代企业制度创造条件,要正确把握改革方向,完善和创新制度体系,建立、健全国有文化资产监督管理机构,落实经营责任,为国有文化资产监督管理提供依据。根据河南省的实际情况,健全国有文化资产监管体系主要需从三个方面入手:

一、健全制度体系,为国有文化企业资产监管提供依据

在借鉴中央和其他省市经验的基础上,出台国有资产产权登记、资产评估、清产核算、资本变更、预算管理、薪酬管理等制度,不断夯实国有文化资产监督管理基础。

不断健全和完善国有文化资产管理制度体系,把国有文化资产管理建立在制度的基础上,为国有文化资产监管提供制度依据,不断改进国有文化资产监督管理的科学性,确保管人、管事、管资产和管导向的有机统一。

二、不断完善机制创新,切实履行国有文化资产监管职责

积极开展省属文化企业负责人述职工作,向国有文化企业推荐、委派董事、监事和股权代表,依法履行省属文化企业出资人职责,成立省属国有文化企业业绩考核工作小组,设计科学的社会效益和经济效益相统一的考核办法,积极推行业绩考核和薪酬管理工作,对省属文化企业进行实地考核。

在实地考核过程中,在注重资产增值、利润增加、市场占有率提高等关键经济指标的基础上,更要强调吸纳就业人数、社会影响力、品牌影响力、产品美誉度等社会效益指标,通过实地考核,引导文化企业自觉地把经济效益和社会效益相统一。

三、成立文化资产监管机构,健全国有文化企业资产监管体系

中央文化企业国有资产监督管理领导小组办公室 2011 年开始正式运行,2013 年福建省迅速跟进,成立省级文化企业国有资产监督管理办公室,其他省市也积极响应党中央号召,相继有 17 个省市成立国有文化资产监督管理机构,对资产进行统一管理,基本做到管人管事管资产管导向相统一。成立的省份包括东部的上海、江苏,中部的湖北、安徽,西部的陕西等省份,在这方面,河南省本着稳妥慎重的态度,到目前还没有成立文化资产监督管理机构,仍处在调研和完善阶段。从目前调研情况来看,成立专门的资产管理机构刻不容缓。

成立"文资办"到底是依托宣传部,还是依托财政厅,或者宣传部和财政厅合署办公,要到不同地方进行调研,并根据自身实际情况,采取一个适合我省的一种有效方式。"文资办"或许不能解决所有问题,但在资产管理、监督和业绩考核方面能够起到很好的作用,对文化资产的保值增值能起到很高的监督作用。

第三节　成立国有文化资本运营和投资公司

委托代理理论表明,国有文化企业的所有者必须通过委托代理具体化,首先是全民委托国家管理文化企业,再由国家委托政府机构管理文化企业,然后由政府管理机构建立国有文化资本运营公司和投资公司,实现对国有资本的管理,使出资人真正落实到位。"文资办"的建立并不能完全解决政企不分和政府行政干预的问题,还需要建立国有文化资本运营和投资公司,形成"国有文化资产出资机构(文资办)——国有文化资产运营公司——国有文化企业"三级资产管理体系,打破部门分割、资产分散、管办不分、政企不分的局面。

一、国有文化资本运营和投资公司

根据党的十八届三中全会会议精神,今后国有文化企业改革的方向是,建立国有文化资本运营和投资公司,促使国有资产管理体制由原来的"管人、管事、管企业"转为"管人、管事、管资产、管导向"相统一,由原来"国资委——国有企业"的两层结构转为"国资委——国有文化资本运营和投资公司——国有文化企业"三层结构。国资委是国有资产监管机构,国有文化资本运营和投资公司是国有股权的持股人。通过国有文化资本运营和投资公司,促进政企分开、政资分开。

国有文化资本投资公司和国有运营公司都是国有文化资产的直接出资人代表,采取国有独资的形式,持有现有国有文化企业股权,替代国资委行使出资人的职责,经政府授权经营国有文化资本的公司制企业,是国有文化资本战略和国有文化资本经营预算的实施载体,以国有文化资本的保值增值为目标。国有文化资本投资运营公司与投资的文化企业是以资本为纽带的投资与被投资的关系,不是上下级关系,而是运用市场化的方式对所投资的文化企业进行影响,在投资管理、公司法人治理、结构治理、职业经理人选聘与管理、绩效考核等方面,遵循市场化的规律,避免行政干预。

表4-1 国有文化资本投资公司与国有文化资本运营公司(区别)

	国有文化投资公司	国有文化资本投资公司
对象	国有资本,包括国有企业的产权和公司制企业中的国有股权	投资实业,以投资融资、建设项目为主
侧重点	以资本运营为主	以产业资本投资为主
目标	侧重改善国有资本的分布结构和质量效益,重塑科学合理的行业结构与企业运营架构,提高资源配置效率。	培育产业竞争力,解决国民经济的布局结构调整,实现政府的特定目标。
方式	兼并或分立,成立合资公司、公司制改建、培育上市公司、产权转让置换等,不从事具体的产品经营,主要开展股权运营,行使股权管理权利,在资本市场通过资本运作有效组合配置国有资本。	通过投资事业拥有股权,对持有资产进行经营和管理。国有资本投资公司通过产业资本与金融资本的融合,提高国有资本流动性,开展资本运作、进行企业重组、兼并与收购等。
功能作用	推动国有资本合理流动,重塑有效的行业结构和企业运营架构,避免重复建设、恶性竞争,切实提高资源配置效率,促进国家安全、国民经济命脉等混合所有制企业的发展壮大。	促进企业技术创新、管理创新、商业模式创新等,提高国有资本流动性,更好地发挥国有资本的带动作用,将若干支柱产业和高科技产业打造成为优强民族产业。
表现形式	政府调控的"有形之手"	市场配置的"无形之手"

二、组建国有文化投资公司和运营公司具有重要现实意义

（1）建立国有文化资本投资和运营公司，能有效形成完整的国有资本管理体系

建立"国有文化资本出资人机构（顶层）——国有文化资本投资运营公司（中层）——国有文化企业（基层）"三层资本管理体系已成为文化资产管理体制改革的共识。即使建立了国有文化资产出资人机构，也无法真正实现政企分开、政事分开、政资分开，也无法真正避免行政干预，为了更好、更有效地管理国有文化资本和国有文化企业，应该找到一个不用行政干预的市场化管理抓手，通过市场化管理抓手来间接管理国有文化企业。建立国有文化投资企业和运营企业能够在"国有文化资本出资结构"和"国有文化企业"之间建立一个市场化纽带，形成"国有文化资本出资机构负责政策与监管，国有文化投资运营公司进行兼并重组等资本运作，国有文化企业具体从事生产经营管理"的有效管理体制。

（2）建立国有文化资本投资和运营公司，能使国有资本出资机构按照市场化的规律管理国有文化资本

国有文化投资运营公司作为国有文化资本的出资人代表，不是行政管理单位，也不是事业单位，不承担行政管理职能，是公司制企业，国有文化资产投资运营公司作为市场主体，运用市场化手段对国有文化资产的投资和运营，按照市场经济规律，开展国有文化企业间兼并重组，实现国家的战略布局和战略意图。摆脱传统的国有资本出资机构既是"裁判员"又是"运动员"的方式，让企业成为真正的市场主体，自主决策、自主经营、自担风险、自负盈亏，成为真正的"运动员"，最终形成"国有资本出资机构当好裁判员、国有资本投资运营公司当好指导员、国有文化企业当好运动员"的各司其职的管理方式。

(3)建立国有文化资本投资和运营公司,能使国有资本出资机构真正做到市场化管理

国有文化资本出资机构作为管理单位,直接管理国有文化企业,必然带来行政干预问题,使政企、政资之间的关系模糊化,建立国有资本投资和运营公司,使有文化资本出资机构有了更深一层的组织保障,国有文化资本的运作也能实现专门化、集中化、市场化管理,尽量避免主管主办部门的制约和干预。国有资本投资和运营公司的建立是对国有文化资本出资机构管理文化资本的市场化延伸,是国有文化资本出资机构管理手段由微观管理变成宏观管理,由直接管理变成间接管理,由行政管理变成市场管理①。

三、建立国有文化资本投资和运营公司需要注意的问题

(一)明确国有文化投资运营公司的定位和职能

根据十八届三中全会精神和其他国有文化企业的改革经验,国有文化投资和运营公司应定位为"省属国有文化企业资本整合平台",国有文化投资运营公司是国有企业文化的重要执行者、资本运营的重要实施者、国有文化资产管理体制改革的重要推动者,从事兼并重组,以资本接收、重组、整合为主要内容,把国有资本的运营作为主要任务,通过该平台实现国有文化资产管理的优化。

(二)明确国有文化投资运营公司的职能

根据国有文化投资运营公司的定位,主要行使好以下几项职能:(1)代理履行文化资产管理机构出资人职责,持有国有文化企业国有股权,配合文化出资人推进兼并重组,调整战略布局;(2)通过资本重组,把国有文化企业做优做大做强,提高文化企业核心

---

① 刘纪鹏.不宜新设国有资本运营公司[N].中国经营报,2014-1-6

竞争力和社会影响力;(3)对新兴文化产业和战略性文化产业进行投资,优化文化产业结构,提高文化资本效益。

第四节　积极推动文化企业兼并重组

　　国有文化产业集中度低,企业规模小,规模经济效应不明显,实力弱,影响力不强是业内共识。十八届三种全会强调推动文化企业跨地区、跨行业、跨所有制兼并重组、提高文化产业规模化、集约化和专业化水平。财政部部长楼继伟同志在《人民日报》撰文提出"鼓励联合重组,鼓励资源整合,鼓励做大做强做优"。财政部副部长、中央文化体制改革和发展工作领导小组成员、中央文资领导小组副组长兼办公室主任张少春也指出要"打破地区封锁和行业壁垒,推动有实力的文化企业跨地区、跨行业、跨所有制兼并重组,引导文化资源和要素向优势企业集中"。2013年政府机构通过合并新闻出版总署和广播电视总局,组建国家新闻出版广电总局,地方建新的文化广播电视新闻出版局(简称文广新局),机构改革为综合利用新闻出版和广播电影电视等多方面的文化资源、推进跨行业整合奠定了基础。

　　河南省上百家文化企业,不可能都走独立发展之路,随着改革不断深化,市场竞争日益激励,"抱团发展"、"联合发展"是未来发展的必由之路。

一、积极推进国有文化企业兼并重组,培育骨干文化企业

　　坚持以发展为主题,以结构调整为主线,通过横向兼并、纵向兼并、混合兼并,实现强强联合,强弱联合和弱弱联合,推进文化领域资源战略性重组。交易费用理论表明,通过国有企业兼并重组,可以把外部市场交易的高成本,通过企业集团化使市场交易变成企业内部交易,有效降低交易成本,增强企业配置资源的能力,提高企业经营效率。

(一)推动同一部门内业务关联高的企业组建文化企业集团

中央文化企业国有资产管理领导小组办公室做出了示范,中央推动组建中国财经出版传媒集团、中国人力资源和社会保障出版集团、中国工信出版传媒集团,促进文化企业规模化、集团化发展。其他省市的做法也值得我们借鉴,湖北古今传奇传媒集团、陕西科技新闻出版集团等相继挂牌成立,在地方国有文化企业集团发展方面取得新的突破。

(二)支持有条件的企业面向市场融资,培育战略文化投资者

引进战略投资是快速壮大企业规模、优化股权结构、完善治理结构、提升管理水平的主要途径,也是目前传媒文化企业的主要做法①。湖北长江出版传媒集团18亿元短期融资券及中期票据成功注册,江苏凤凰出版传媒集团20亿元中期票据成功发行,开辟新的融资渠道。2014年,济南日报的舜网传媒和湖北日报的荆楚网率先在新三板挂牌。新三板全国中小企业股份转让系统,是我国非上市股份有限公司的股权交易平台,新三板挂牌时间短,见效快,非常适合有前景的中小文化企业。2015年6月16日,辽宁报业传媒集团旗下的新媒体公司——北国传媒,正式在新三板挂牌。舜网传媒、荆楚网、北国传媒在新三板上市,对河南省的大河网络传媒和大象融媒公司都有很好的借鉴作用。

对于转企改制比较好、试点股份制改造的文化企业,鼓励企业引进战略投资,优化股权结构。我们研究组,走访了中原出版传媒

---

① 高江虹、黄淑和:股权多元化更大目的是机制改革[N].21世纪经济报道,2013-12-31.

集团、河南有线电视集团、河南文化影视集团、商丘演艺集团等单位,这些单位的管理者在引进战略投资方面的意见高度一致,他们认为引进战略投资,是企业解决发展资金短缺、壮大企业规模、优化股权结构、完善法人治理、建设现代企业制度的重要措施。

河南有线电视网络集团发展较好的重要经验就是引进中信集团 9 亿元资金,既壮大了规模,又优化了股权,同时,法人治理结构也得到完善。在今后的发展中,河南有线电视网络集团要完成股份制改造,还需要 30 亿元的资金,这就需要进一步引进战略投资,把全省剩下的 52 个县的有线电视网络股权收购过来,基本完成股份制改造,为企业早日上市做好准备。河南文化影视集团也积极联系几家国有企业,对方也非常愿意投资,机会难得,建议省委省政府,抓住机会,支持河南文化影视集团引进战略投资,积极推动股份制改造,为上市做准备、打基础,一鼓作气,力争在文化体制改革方面,取得重大突破。

(三)推动跨地区、跨行业、跨所有制兼并重组

在跨地区兼并重组方面,2008 年 5 月,江苏凤凰出版传媒集团并购海南省新华书店,成立海南凤凰新华发行公司,打破国内发行的区域垄断。安徽出版集团华闻传媒以 24.5 亿元购陕西华商传媒及其附属公司,粤传媒以 4.5 亿元购上海香榭丽传媒,博瑞传播收购杭州瑞奥和深圳盛世之光。在行业发展方面,中国国际广播电台旗下的国广控股整体收购门户网站中华网,中南出版传媒集团与湖南教育电视台合资成立公司作为湖南教育电视台市场运营主体,华文出版社和合肥报业传媒集团以资本为纽带加强合作,通过跨介质运营发挥资源集聚效应。湖南和安徽的实践经验,值得河南文化企业借鉴。跨所有制兼并重组方面,2010 年安徽出版集团收购江苏可一出版物发行集团,实现跨所有制兼并,弥补产业

链上没有发行公司的不足,获得图书、报纸、期刊、电子出版物领域全面发行资质。浙报传媒以 32 亿元收购边锋和浩方在线;博瑞传播以 10.36 亿元收购漫游谷,人民网收购古羌科技,在跨所有制的同时,向网络游戏、网络文学、手机游戏等新兴文化产业拓展。

二、培育战略投资者,推动其他文化企业公司制、股份制改造

经过转企改制,公司制、股份制改造,中原出版传媒集团在 2014 年 5 月实现整体上市,总资产和营业收入分别达到 134 亿元和 126 亿元,无论从规模、效益、影响力方面,还是经营管理、创新实践方面,在河南省都居于第一位。省政府可以考虑把中原出版传媒集团打造成战略投资者,运用其上市地位、市场影响力和经营管理经验,试着跨行业、跨区域、跨所有制兼并重组,一方面把文化资产盘活,让优质资产通过重组上市,流动起来,把优质文化资产变成资本,既能扩大规模,实现经济效益,又能实现由管资产向管资本的转变;另一方面组建跨介质的媒体企业,实现强强联合,联盟发展、联合发展和抱团发展,延长企业产业链。把中原出版传媒集团打造成战略投资者最重要的意义在于,通过兼并重组,对兼并的企业进行公司制股份制改造,规范兼并企业的管理,有力地推动被兼并企业的改革,加快现代企业制度建设。我国四大国有银行通过引进国外战略投资者(著名金融集团)参与股份制改造,推动我国四大银行现代企业制度建设和和公司治理结构的完善,这一思路值得河南文化企业借鉴。

根据规定,对国有全资文化企业,积极引入其他国有资本实现股权多元化,允许将部分国有资本转化为优先股,在少数国有文化企业探索试行特殊管理股制度。

政府相关管理部门在企业兼并重组过程中,应该发挥积极作用:(1)发挥兼并重组媒介作用。政府管理部门对国家产业政策、国有文化企业情况有信息优势,在政策解读方面具有权威性,所以管理部门应该利用自身优势,积极充当文化并购企业之间的媒介角色,做好服务工作,促成并购各方的接洽和谈判等活动。(2)支持开展文化企业兼并重组。管理部门应该根据中央和地方的相关政策,对兼并重组的企业提供税收、产业政策、协调服务、配套支持等方面的便利条件,帮助减少兼并重组过程中的行政性、市场性阻碍,促进文化企业兼并重组的顺利进行。(3)通过对国有文化企业的引导扶持,培育核心战略投资者,形成国有文化企业兼并重组的主导力量和现代企业制度建设的推动力量。

三、推动发展混合所有制经济,促进文化企业股权多元化

中共十八届三中全会提出,国有资本、集体资本、非公有资本等交叉持股、相互融合的混合所有制经济,是基本经济制度的重要实现形式,允许更多国有经济和其他所有制经济发展成为混合所有制经济。在文化体制机制创新方面指出,鼓励非公有制文化企业发展,降低社会资本进入门槛,允许非公有制文化企业参与对外出版、网络出版,允许以控股形式参与国有影视制作机构、文艺院团改制经营。通过发展混合所有制,对国有企业进行多元化股权改造,推进文化企业治理结构的完善[1]。产权理论表明,分散的产权更有利于资源配置的市场调节,更符合市场经济的运行规律。

混合所有制为国有文化企业改革发展和建立现代企业制度提供了倒逼机制。发展混合所有制经济,推进国有文化企业多元化

---

[1] 谢光飞,李晓红. 用完善国资体制促进国企改革深化——访国有重点大型企业监事会主席季晓南[N]. 中国经济时报,2014-1-9

改革,使国有文化资本具有了调动和组织社会资本的功能,放大了国有文化企业的操作空间和操作能量,也有利于非公有制文化企业通过灵活的管理方式和经营模式,带动和激活国有文化企业,总之,发展混合所有制经济有利于各种所有制取长补短、相互促进、共同发展。混合所有制经济作为一种资本合作实体,对于优化国有文化资源、有效规避资本经营风险,提供了现实组织载体。

改制上市是发展混合所有制经济的重要途径,通过改制上市,能有效实现股权结构多元化,进而实现国有文化资产证券化、提高国有文化资产流动性。①

通过改制上市,引入多元投资主体,使国有文化资产监管从原来由国资委单一监管和内部监管,转变成以证券会监管为主的多元监管和外部监管,保荐机构、市场交易所、会计师事务所、律师事务所、投资机构、中小投资者、媒体监督等多方参与监管,通过外部监管和倒逼机制,推动国有文化企业治理结构更加完善。

随着文化体制改革的不断深入,产权多元化、自主经营、治理规范的混合所有制将会得到快速发展,以公有制为主体、多种所有制共同发展的文化产业格局和以国有文化资本为主导的开放型混合文化经济结构将会逐步形成。② 河南国有文化企业应该积极配合国家政策要求,抓住机遇,顺势而为,积极推动国有文化企业混合所有制,一方面发挥国有文化企业在发展混合所有制经济中的主导地位,提高国有文化企业的控制力和竞争力,另一方面鼓励非公有制文化企业参股国有文化企业,允许非公有制文化企业以控股形式参与国有影视制作机构、文艺院团改制经营。

---

① 林木西. 以经济体制改革为重点推动全面深化改革——学习领会党的十八届三中全会《决定》[J]. 辽宁大学学报(哲学社会科学版)2014 年第 1 期
② 陈清泰. 国资改革路线图[J]. 财经,2014 年第 6 期

四、积极发展新的文化业态

按照新修改的《公司法》成立新的国有文化企业,由于是新成立的文化企业,没有历史包袱,完全可以按照现代企业制度的要求,明晰产权,管办分离,政企分开,建立完善的法人治理结构,平等参与市场竞争,为转企改制企业提供经验。目前,河南已经成立大河新媒体集团和大象融媒体集团,这两个集团的成立一方面是响应习近平同志的号召,顺应媒介融合大势,成立有影响力的新媒体集团;二是也尊了增量改革的思路,另起炉灶,成立新的公司,按照现代企业制度的规则,参与市场竞争。不过,还存在一些问题,这两个企业分属不同的部门,大河新媒体集团隶属河南报业集团,大象融媒体集团隶属河南广电局,从全省的大局来看,依然是部门管理,块块管理,资产管理不统一,这不利于河南省优资资源的整合,这两大公司在省内是航母,但和省外公司相比,就不具有明显的优势,这是后续发展需要思考的问题。

第五节　完善转制文化企业法人治理结构

一、全面推进依法治企

根据《关于深化国企改革的指导意见》相关规定,《意见》强调"全面推进依法治企","依法治企"重点在于政府要树立法制观念,要懂法、守法、护法,不干预企业的微观经营活动与法定权利;保障企业经营自主权,法无授权的情况下,任何政府部门和主管部门不得干预企业经营决策活动,国有股东要守法,不能逾越公司治理的规则和程序,要遵循《公司法》,依法办事,遵循公司章程,依规办事。

在人事任免过程中,要根据《意见》要求,分类管理,文化企业管理人员分为党管干部和职业经理人,党管干部由组织任命,享受行政级别,但薪水低于职业经理人,职业经理人按照市场规则,从市场招聘,不保留行政级别。

二、依照新修改的公司法,完善法人治理结构

要求转制文化企业在 2019 年 12 月底以前,建立健全公司法人治理结构,转企改制文化企业要设立股东会、董事会、监事会等机构。股东(大)会作为公司权力机关要有明确的议事规则,做到召集开会、表决、决议等系列问题有章可循。董事会作为执行机关,权力界限要明确,做好董事会与股东会之间的权力平衡,规范董事会任命规则,建立健全的议事规则,明确强调董事会勤勉和忠实义务,防止内部人利用职权损害公司利益的事情发生。监事会作为监督机关,其权力和义务要明确,议事规则要完善,权力行使

的保障要有力。

根据新《公司法》第四十四条及第五十条的规定,有限责任公司设董事会,其成员为3~13人;股东人数较少或者规模较小的有限责任公司,可以设一名执行董事,不设董事会。根据《公司法》第一百零八条规定,股份有限公司设董事会,其成员为5~19人。根据《公司法》第五十一条规定,有限责任公司设立监事会,其成员不少于3人,股东人数较少或者规模较小的有限责任公司,可以设置1~2名监事,不设监事会。根据《公司法》第一百一十七条规定,股份有限公司设立监事会,其成员不得少于3人。

董事会要按照《公司法》的要求,建立经理层职权管理制度,充分授予经理层生产经营管理权限。完善独立董事制度,充分发挥独立董事在董事会中的监督和制衡作用,维护全体股东的合法权益。最后要处理好"新三会"和"老三会"之间的关系,积极探索党组织和工会参与重大决策的内容和机制,探索新老三会之间对议事、决策、监督的办法和措施。总之,要按照权责对等的原则,不断创新经营机制,促进企业法人治理结构的建立与完善。

此外,还要完善外部法人治理结构。文化企业的外部治理主要依托完善的产权市场、行业监管、行业政策、行业自律、市场竞争等因素来体现。

中共十六届三中全会通过《中共中央关于完善社会主义市场经济体制若干问题的决定》,《决定》明确指出"建立现代产权制度是完善基本经济制度的内在要求,是构建现代企业制度的基础",按照"归属清晰、权责明确、保护严格、流转顺畅"的原则,稳妥积极推进产权改革,建立和完善产权交易市场和辅助手段,通过公司所有权竞争和收购机制,实现国有文化企业经营层的约束。

目前,我省产权市场并不活跃,相关阻碍较多,思想不够解放,配套的信息、评估等交易手段很不完善,外部市场机制发挥的作用较小。① 在产权制度方面,虽然完成了转企改制,但出资人制度还需要进一步落实和明晰。行业监管方面,文化管理体制改革步伐不快,行政监管手段和市场治理方式还需要不断创新,市场治理机制的作用还需要进一步增强。

三、按照新修订的《公司法》,修订公司章程

公司章程是公司的核心文件,是公司行为的根本准则。2013年《公司法》修订后,资本制度发生了重大变化,已转制的文化企业要通过对章程内容的设计和安排,制定出最符合股东利益、公司目的、公司运营特点的权利义务指南和操作规范,充分体现公司股东的意志。

修订后的公司章程要以合法合规为前提,与公司治理有机结合,条款设计要切实可行,内容要包括强制性条款、限制性条款、除外性条款和任意性条款。要求转制文化企业在 2016 年 12 月以前,完成公司章程的修订工作。转制文化企业重新修订公司章程,意味着转制文化企业又学习一遍《公司法》,熟悉公司基本运作,对于推进转制文化企业公司制改造、完善法人治理结构非常有意义。

---

① 赵素萍部长在全省文化体制改革工作会议上的讲话(2014 年 8 月 5 日)。

第六节　集中精力推进重点文化企业股份制改造

一、股份制是现代企业制度的主要组织形式

十五大报告指出:"股份制是现代企业的一种资本组织形式,有利于所有权和经营权的分离,有利于提高企业和资本的运作效率,资本主义可以用,社会主义也可以用。"股份制是一种中性的公司制度和企业财产组织与实现形式,股份制本身并不具有公还是私的属性,关键在于与什么经济形式相结合。推进国有企业改革,可以采用股份制,推进国有文化企业改革,只要坚持公有制占主体地位,完全可以采用股份制形式。

从报刊企业广州日报报业集团、浙江报业集团,到出版企业中原传媒出版集团、中南传媒集团,再到新媒体人民网、新华网等,都先后通过对经营性资产进行股份制,然后成功上市,国有文化改革的实践证明股份制是一种非常好的资本组织形式,通过股份制改造,让国有专制文化企业上市,能有效改进和优化企业内部法人治理结构,能快速提高文化企业科学管理水平,能有效促进股权多元化,能够使国有文化企业的资产和经营置于公众监督之下,能够使国有文化企业整合更多的社会资源,能够使转制文化企业在短时间内做强做大,增强国有转制文化企业的资源支配力、市场竞争力和社会影响力。

中原出版传媒集团成功借壳上市和省外文化企业股份制改造并成功上市,为我省企业转制文化企业进行股份制改造提供了丰富的经验和明确的思路。

二、加快推进重点文化企业股份制改造

根据调研,目前文化影视集团、河南有线电视网络集团转企改制比较好,具备了股份制改造的条件,省委省政府,要派专人督导,制定期限,推荐股改,争取早日上市。尤其是河南文化影视集团,改制较好,市场运作效率高,经营思路清晰,股改方案可行,管理者积极。建议主管部门加大扶植力度,减少行政干预,让企业充分发挥自主权,按照市场规则运行。

目前,国内电影市场已不是单纯的影院放映,而是集电影欣赏、休闲购物、餐饮体验等于一体的完整价值链的产业,并且这一产业发展速度非常快,每年增长速度超过30%,在高速发展、竞争激烈的院线市场,不进则退,发展慢就意味着倒退,所以,主管部门应该根据市场特点和企业情况,充分给企业放权,在资产和土地使用、配置、收入分配、社会保障、人员分流安置、财政税收等方面给予有力保障,加大财政、税收、金融等方面的政策扶持力度,从组织、人力、财力等方面,确保股份制改造顺利快速推进,加快股份制改造,引进战略投资,优化股权结构,完善法人治理结构。

三、文化企业股份制改造需要注意的几个问题

文化企业的特殊性决定了其股份制改造与一般企业股份制改造有所不同,这意味着转制文化企业股份制改造所用时间更长、所需成本更高,所冒风险更大。这就需要转制文化企业采取更加谨慎的态度,敢于担当的精神,更加专业的方式积极推动股份制改造。重点注意以下几个问题:

1. 因地制宜,采取灵活措施推动股份制改造

对于一些企业资产质量好,非经营性资产所占比重小,主营业务突出、盈利能力强且发展前景好的公司,通过资产评估,按净资

产折成股份,建立股份有限公司。对于一些企业资产质量不是太好,非经营性资产所占比重较大,经营性资产对于企业业绩贡献不大的文化企业,将原企业拆分为两家或两家以上的具有法人资格的企业,其中一家设立为股份有限公司,把对企业贡献较大的经营资产注入股份有限公司,让新设立的股份有限公司轻装上阵,作为市场主体,参与市场竞争,剩下的非经营性资产规到此外,还可以根据业务上有联系、隶属上有关系、地域上相关联的几家企业通过资产重组,成立股份有限公司。

2. 注重实际,有效解决资产剥离中的问题

对转制文化企业进行股份制改造必然涉及资产重组和整合,资产重组既涉及经营性资产的剥离,又涉及非经营资产的剥离。资产重组的目的在于减轻改制后的股份有限公司的负担,提高企业市场竞争力、市场占有率和资产收益率,为企业发行股票和上市融资做好准备。

剥离出来的国有资产要有明确的管理主体,确保资产的完整性、安全性和增值性。在资产剥离重组过程中,必须妥善处理好职工的安置问题,保护好、维护好职工的切身利益,让员工大力支持、积极拥护股份制改造。

此外,在资产重组过程中,不能仅仅重组有形资产,对于品牌等品牌资产也要科学评估,作为重要资产纳入到新成立的股份有限公司的总资产里面,依照《股票发行与交易管理暂行条例》的相关规定,根据新成立的股份有限公司净资产额大小来确定进入股份有限公司的无形资产数额。

3. 恪守信用,妥善处理债权债务问题

对于原企业所负债务的问题,在资产重组中,一定要按照程序向债权人发出通知或公告,取得债权人的书面同意后,才能将原企

业的债务转由新成立的股份有限公司承担。或者采用债转股的形式,将原企业对债权人负有的债务转为债权人对新成立的股份有限公司的投资,债权人成为股份有限公司的发起人,成为股份有限公司的股东。不能因为资产重组,而逃避债务,必须恪守信用,妥善处理债权债务问题。

转制文化企业基本上都是从文化事业单位转制而来,股份制改造可能因为职工观念没有转变而阻力重重,也可能因为企业历史遗留包袱问题而举步维艰,这就需要政府在政策上积极支持,在资金上大力扶持,在职工安置上服务到位,只有这样,转制文化企业股份制改造才能稳步有序进行。

第七节　加强转制文化企业内部治理

党的十八届三中全会颁布的《中共中央关于全面深化改革若干问题的决定》明确指出，要"推动国有企业完善现代企业制度"，对国有企业未来改革的方向和路径做出了总体部署，明确指出：健全协调运转、有效制衡的公司法人治理结构①。

一、建立相互制衡的法人治理结构

文化企业治理结构包括外部治理和内部治理，外部治理包括资本市场、产权交易市场、行业监管、行业政策、市场治理机制等。在资本市场不发达和产权交易市场不活跃的情况下，重点放在企业内部治理结构方面。推进董事会建设，建立健全权责对等、运转协调、有效制衡的决策执行监督机制，明确董事长、总经理、监事会、党组织的责任，各施其职，相互制约，规范董事长、总经理行权行为，充分发挥董事会的决策作用、监事会的监督作用、经理层的经营管理作用、党组织的政治核心作用。切实解决一些企业没有董事会，或者有董事会，但形同虚设和"一把手"说了算的问题，实现规范的公司治理。要高度重视和加强监事会建设，明确监事会的权力和职责，加强监事会的地位和作用，科学设计监事会成员的选择机制，通过制度和流程设计，保证证监会发挥应有的监督作用，有效解决监事会监督作用弱化的问题。

---

① 国资委主任肖新明同志在省管企业深化改革试点工作启动会上的讲话提纲（2014年9月24日）

要切实落实《新公司法》规定的董事会、经理层的权利和义务,维护董事会依法行使重大决策、选人用人、薪酬分配等权利,保障经理层经营自主权,法无授权任何政府部门和机构不得干预。

二、依法加强董事会的制衡约束

加强董事会内部的制衡约束,国有独资、全资公司的董事会和监事会均应有职工代表,董事会外部董事应占多数,落实一人一票表决制度,董事对董事会决议承担责任。改进董事会和董事评价办法,强化对董事的考核评价和管理,对重大决策失误负有直接责任的要及时调整或解聘,并依法追究责任。进一步加强外部董事队伍建设,拓宽来源渠道。①

国有文化企业虽然具有产业政策特殊性和意识形态特殊性,但作为企业,依然要遵循党的十八届三中全会关于国有企业"完善现代企业制度"的总体战略部署。所以,河南国有文化企业也要以"管人管事管资产管导向"为指导,积极推动公司制、股份制改造,完善法人治理结构,建立健全现代企业制度。

三、加强外部约束和监督

除了加强董事会内部约束,还要从不同层次、不同方面对董事会进行外部约束。从政府层面,通过证监会、审计局等政府机构加强对公司董事会的监督;从行业层面,通过会计师事务所、律师事务所、审计师事务所等机构对董事会行为进行行业监督;从媒体层面,通过纸质媒体、电子媒体、网络媒体进行全媒体建监督,通过中

---

① 省委全面深化改革领导小组第二次会议精神传达提纲(2014年8月5日)

央媒体、地方媒体进行分层监督;从股东方面,通过证券市场,"用脚投票"的方式进行市场监督。

第八节　设计有效的综合激励机制和约束机制

激励和约束是一枚硬币的两面，两者相互联系，约束实际上是反激励，只不过是作用机理不同。激励对主体来说，是一种倾向的、吸引性的力，可以调动其积极性。约束是一种逆向的、限制性的力，限制经济行为主体的行为选择集合。在设计激励机制的同时，必须完善相应的约束机制。

一、建立五位一体的综合激励机制

针对河南省转制文化企业激励机制设计中存在的问题，设计"目标导向、多元分配、员工培养、价值实现、文化推动"的五位一体的激励机制。

（一）目标导向

目标决定导向，导向决定考核标准，考核标准决定工资福利，工资福利决定落实情况。首先，文化企业的目标设定与传统工业企业相比有很大不同，必须结合文化产品的经济属性和社会属性的综合特征，设计出符合文化企业产品社会属性的指标体系，从而使这些指标体系结合经济指标构建企业的战略目标定位。其次，企业应结合自身的战略目标，设立绩效考核目标。企业可以与员工签订《年度（季度）绩效目标责任书》，能够顺利实现考核目标的，应该得到奖励，否则应得到惩罚。必须强调一点的是绩效管理应充分重视过程控制，强调各级管理人员通过谈话、咨询、调查等形式对下级工作进展情况进行跟踪与辅导。上下级应充分互动，搜集绩效管理过程中存在的问题，并加以改进。最后，设计符合文化企业特性的薪酬体系。一是企业应结合文化企业考核标准设计出动态薪酬管理体系,以员工的岗位价值、专业能力为基本标准,决定员工的薪酬等级,同时将员工薪酬中一部分拿出来作为浮动薪酬,实行多劳多得的分配制度,合理拉开岗位之间收入的差距,充分调动员工的工作积极性。二是建立一套比较完善的员工荣誉体系,包括"特别贡献奖"、"最佳新人"、"先进个人"等,这些能够起到稳定员工和提升组织凝聚力的作用。

(二)多元分配

人员激励具有系统性、多维度性,单项指标、单一手段很难起到激励作用,这就需要设计科学的综合激励机制。激励机制是一个有机协调的系统,不但包括工资、奖金、补贴、社会荣誉、社会表彰等短期激励,也包括股权激励等长期激励。[①]

转企改制文化企业要根据自身实际情况,大胆尝试,勇于创新,从物质激励、精神激励、培训激励、文化激励等多个方面设计综合激励机制,以提高企业经营效率和管理水平。构建以经营业绩为核心的多元分配制度,对紧缺人才实行谈判工资、项目工资、效益提成等多种分配形式,实行经理层风险收入与目标奖励相结合的收入分配方式,将经理层的物质待遇与企业的经济效益和经营业绩相挂钩,实现责任与权利的统一,比如实行分期支付年薪制、期权期股、风险抵押等。

(三)员工培养

人才匮乏是制约当今文化企业竞争力的一个最为重要的因素。建立系统培训激励,培训是最大的福利,要根据转制文化企业的发展需要,对经理层进行系统培训,更新其知识,扩大其视野,增

---

① 《深化文化体制改革实施方案》(中办发〔2014〕26号)

强其能力,适应不断深化改革、外部竞争、技术革新的需要。

为了吸引优秀的人才,文化企业必须设计出一套符合企业文化特性的员工培养模式,员工的培养模式彰显了企业的文化和核心价值观,成为击败竞争对手的软实力。首先,坚持"校园招聘,入职培训"的传统人才招聘模式。由于文化企业产品的特殊性,文化企业人才校园选拔的方式和途径应该与传统工业企业招聘模式不尽相同,文化企业应选择那些有能力、有个性、有特长、可塑性高的大学毕业生,不一定选择最优秀的,但一定选择最合适的。招聘人才入职后,可以尝试一年内让其在各个岗位参加轮岗实践,找出最适合能够发挥最大效力的工作岗位,针对个人特点设置不同的长期发展规划,从而使其能够踏实工作。其次,建立"内部沟通,自我学习"的人才培养体系。文化企业更加强调的是创新能力,学习能力是获取新思想、形成新思路的主要方法,所以文化企业应提倡员工的自我学习能力。为了充分挖掘员工的潜能,各个部门应建立常规的跨部门的人才沟通机制,人人都是老师,只要有新的想法,就可以报送人力资源管理部门,由其安排时间上台主讲。此种做法可以提高普通员工的知名度,另外可以为企业用人提供一个重要参考标准。最后,构建"能力体现,职位晋升"的人才选拔体系。由于文化企业的特殊性,文化企业的主要领导干部由组织部、宣传部、广电总局等部门任命。除了这些职位之外,企业应在自身权限范围之内,建立科学的员工晋升机制,充分体现员工的工作能力和领导能力,创造员工公平竞争的环境。

(四)价值实现

正如马斯洛的需求层次理论阐述的那样,自我实现的需要是最高层次的需要。虽然工资福利能够影响到管理者和普通员工的工作积极性,但是真正能够决定员工和管理者工作努力程度、工作态度的是自我价值能否实现。所以,首先,文化企业应该为管理者和员工提供展现自我能力的舞台。而舞台的构建应该以员工的兴趣爱好和专业特长为根本导向,避免上级领导对他们进行过多的干预,充分调动管理者和员工的工作积极性。其次,企业应给员工提供交流的平台和机会。为了留住员工,必须给员工创造良好的工作环境和提升自身能力的平台。企业可以为有发展潜力的年轻人提供到其他企业和国家交流学习的机会,这样不但可以开拓员工的眼界,还可以形成企业的后备力量。再次,给予优秀经营管理人才、首席编辑等各种荣誉称号,进行隆重表彰,提升其社会地位,满足其精神需求,增强其荣誉感、使命感和成就感,实现其自我价值。最后,企业应创造民主开放的工作氛围和构建和谐的人际关系。对于重大项目、重大资金的使用、重要人事干部的任命应采取集体决策的方式,少数服从多数,杜绝出现"一把手"决策现象的出现。和谐的人际关系对文化企业的发展壮大非常重要。如果员工之间勾心斗角,矛盾颇多,肯定会影响员工的工作效率,影响企业战略计划的执行和战略目标的实现。

(五)文化推动

随着社会的进步,企业的竞争已经由技术的竞争、制度的竞争向企业文化的竞争过渡。企业文化包括企业理念、企业精神、企业价值观、企业形象等。企业文化是形成企业竞争力的关键、核心和保障。为了形成有个性和差异化的企业特色,企业必须有针对性的构建和塑造有特色的企业文化。文化企业构建企业文化应特别注意以下几点:一是企业文化往往渗透着企业主要领导人的个人特质。尤其是作为企业文化核心的企业精神,渗透着企业领导者的价值观、世界观,以及建立在价值观和世界观基础上的经营理念。二是构建企业文化过程中应注意国有文化企业的角色、目标和使命。国有文化企业天生具有传承民族文化、传播社会主义核心价值观、把关价值观念传播的历史使命。国有文化企业的角色定位决定了其不仅是一个经济组织,更是一个社会组织。国有文化企业不仅具有经济目标更具有社会目标,国有文化企业不能为了经济目标的实现而忽略社会目标的实现,在两者的权衡之中,社会目标应该比经济目标更加重要。国有文化企业承担的角色,担负的历史使命和要实现的目标决定了其在构建企业文化中要与其他工业企业有很大不同。

二、建立严格的监督约束机制

建立严格的监督约束机制,从内部和外部两个方面加强对文化企业的监督,保护股东和公司员工的利益。转制文化企业要完善内部监督机制,充分发挥监事会、纪检部门、审计部门及公司员工对董事会、经理层的监督作用,加强党内执纪监督、内部审计监督、强化出资人监督,形成完整的监督体系,确保公司权力运行公开透明,合法合规,形成立体化、透明的监督约束机制。

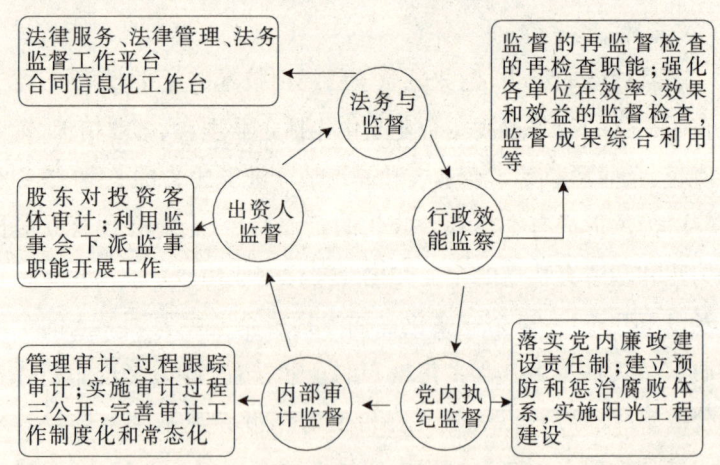

第九节　试点文化企业职业经理市场化选聘制度

中共十八届三中全会对国有企业管理人员的任用提出了明确要求，指出"国有企业要合理增大市场化选聘比例"。尽管文化企业具有政策的特殊性和鲜明的意识形态属性，但在改革治理结构方面仍然要遵循党的十八届三中全会相关精神。选择一批董事会建设相对规范、市场竞争程度高的文化企业子公司开展市场化选聘职业经理人试点工作，以改变企业领导班子结构不合理、知识结构单一、交流机制不畅、选拔机制不活的情况，优化企业领导班子结构，加快职业化进程，提升管理水平。建立职业经理人选拔机制的关键在于完善法人治理机构，合理确定市场化选聘职业经理人的比例和数量，建立市场化的薪酬机制和严格的约束机制。[①] 建立职业经理人选拔机制要突破在本企业选人、在少数人中选人的传统模式，要尝试跨行业、跨地区选聘职业经理人的新思路，使职业经理人不受行业、部门、地域、身份、级别以及所有制限制，平等地参与竞争。在选聘职业经理人的过程中，既要注重职业经理人的能力和成绩，也要关注职业经理人的诚信记录和职业道德，更要注重职业经理人的思想政治素质和理论水平，并建立具有符合本企业经营者特点的职业经理人资质评价认证制度。在试点市场化选聘职业经理人的过程中，要坚持三个原则，一是坚持董事会依法选聘经营者的原则；二是坚持市场化、专业

[①] 中共河南省政府国资委员会第〔2014〕62号文件《关于省政府国资党委关于印发河南省省管企业市场化选聘职业经理人试点工作方案的通知》

化、职业化的原则;三是坚持重品行、重能力、重实绩的原则。①

---

① 全国文化体制改革工作会议精神传达提纲(2014年8月5日)

第十节　强化现代企业制度建设过程中的党建工作

充分发挥国有文化企业党组织在现代企业制度建设中的政治核心作用。把建立党的组织、开展党的工作,作为国有文化企业推进现代企业制度建设的必要前提,作为企业经营有效运行的政治保障。

一、把加强和完善党的领导和完善公司治理有机统一起来

党建工作要纳入国有文化企业章程,以规章制度的形式,明确国有文化企业党组织在公司法人治理结构中的法定地位,避免党的组织在国有文化企业中被弱化、边缘化的现象。不断创新国有文化企业党组织发挥政治核心作用的途径、机制、方式和方法。尤其加强国有文化企业基层党组织的战斗堡垒作用,通过建设学习型、服务型、创新型基层党组织,引导企业发展,维护国家和员工利益。国有文化企业党组织建设要坚持"四个同步",即在国有文化企业现代企业制度建设中坚持党的建设同步谋划、党的组织及文化企业工作机构同步设置、党组织负责人及党务工作人员同步配备、党的工作同步开展。① 不能因为国有文化企业是市场主体,就只强调企业的经济属性、市场属性,而把党的领导放在一边,忘记党性原则和立场。从严治党,国有文化企业不能例外,企业党员领导干部必须时刻牢记自己的第一身份是党员,第一要务是为党工作。保证党组织工作机构健全、工作制度健全、工作队伍稳定、工

---

① 全国文化体制改革工作会议精神传达提纲(2014年8月5日)

作场所具备、工作任务明确,为党组织和党员有效发挥作用提供强有力的制度保障、物质保障、政治保障、思想保障和组织保障。

二、坚持和完善党的领导体制

符合条件的党组织领导班子成员可以通过法定程序进入董事会、监事会、经理层,担任经营管理领导职务,董事会、监事会、经理层成员中符合条件的党员干部也可以依照有关规定和程序进入党组织领导班子;经理层成员与党组织领导班子成员适度交叉任职;董事长、总经理原则上分设,党组织书记、董事长一般由一人担任。

三、切实承担好、落实好从严管党治党的责任

坚持党要管党、从严治党、思想建党、制度治党,增强管党治党意识,建立健全党建工作责任制,从思想上、政治上、组织上、作风上、廉政上抓好党建工作,做到守土有责、守土负责、守土尽责。确保党员干部对党忠诚、清正廉洁、干净做事,确保党员干部起到模范带头作用,榜样引领作用,让党员干部时刻牢记自己的第一身份是党员,首要任务是为党工作,为人民服务。

党组织书记要切实履行党建工作第一责任人职责,党组织班子其他成员要切实履行"一岗双责",结合业务分工,强化党的意识,抓好党建工作。① 文化企业党组织书记同时担任企业其他主要领导职务的,应当设立1名专职副书记,从事党建工作。不断加强国有文化企业基层党组织建设和党员队伍建设,强化国有文化企业基层党建工作的制度保障、物质保障等基础保障,充分发挥基

---

① 《国务院办公厅关于印发文化体制改革中经营性文化事业单位转制为企业和进一步支持文化企业发展两个规定的通知》(国办发〔2014〕15号)

层党组织战斗堡垒作用和共产党员先锋模范带头作用。加强企业党组织对群众工作的有效领导,充分发挥工会、共青团等群团组织的积极作用,做细做好职工群众的思想政治工作,关心职工群众工作和生活中的困难。

第十一节　加强转制文化企业的企业文化建设

由于转制文化企业脱胎于事业单位,转制文化企业的企业文化深深打上了事业管理思维的烙印,行政意识浓厚,制度比较僵化,理念相对落后,与市场经济、现代企业制度相适应的理念文化、制度文化、行为文化并没有建立起来。这就要求转制文化企业对企业文化建设高度重视,采取有力措施,从四个层次加强企业文化建设,从理念文化、物质文化、制度文化和行为文化四个层次加强企业文化建设,形成与市场经济、现代企业制度和企业自身特点相适应的现代企业文化。

一、通过理念文化建设转变思想观念

转企改制文化企业作为市场主体,必须遵循市场规律,平等参与市场竞争,优则胜,劣则汰。理念文化建设一方面强调文化企业作为意识形态的主要阵地,必须担负起保护国家文化安全,增强文化软实力的功能;另一方面摆脱行政思维,既要打破传统"事业单位企业化管理"的思维,又要打破转制后"企业单位事业化管理"的误区,必须与市场观念相对接,与现代企业制度相适应,树立竞争意识、危机意识、精品意识、质量意识。

二、通过物质文化建设塑造良好视觉形象

优化企业硬件环境,从生产设备到生产厂房,从办公用品到办公室布置,从企业园区到企业建筑,都要体现出文化企业的风格和特点。通过物质文化建设,展现出企业先进的设备、整洁的车间、

简约的用品、高雅的布置,展现出企业干净漂亮的企业园区、特色鲜明的企业建筑等。通过物质文化建设让利益相关者感受到企业的管理水平、综合实力和良好的外部形象。

三、通过制度文化建设提高企业运营效率

人对激励产生反应,有什么样的制度,员工就会有什么样的行为。小企业管理靠关系和情感,大中型企业靠制度。只有制度健全和运行良好,企业才能管理高效。转制文化企业要通过建立完善公司章程、财务制度、人事制度、分配制度、激励制度、约束制度等制度措施,来巩固转制文化企业建立现代企业制度的成果,提高企业运营效率。

四、通过行为文化建设展现员工精神风貌

员工的行为是员工精神面貌和综合素质的体现。转制文化企业要通过行为文化建设,规范员工的行为,使员工的行为符合企业日常管理的要求,使员工的行为自觉地与公司目标利益相一致。行为文化建设的关键在于领导高度重视,并身体力行,率先垂范。上有所好下有所鹜,领导的行为就是榜样,就是标杆,通过榜样带动,标杆规范,使员工行为更文明,展现出员工的时代精神风貌。

下篇 案例分析

第五章 中原出版传媒集团现代企业制度建设经验、问题及对策

第一节 中原出版传媒集团简介

中原出版传媒集团是在 2004 年 3 月成立的河南出版集团的基础上,经"事转企"改革于 2007 年 12 月挂牌运营的以图书、报刊、音像电子、网络等出版物的出版、复制、发行、版权贸易为主业的大型出版传媒集团。集团下属有中原大地传媒股份有限公司 1 家上市公司、河南人民出版社等 10 家出版社、《销售与市场》等 20 种报刊、128 家省辖市(县、区)新华书店和河南省出版对外贸易有限公司等单位。职工总数 2 万余人。集团公司经过多年积累逐步形成了以图书、报纸、期刊、音像、电子出版物的出版、印制、发行、版权贸易为主业,编印发一条龙、产供销一体化、多媒体并举、多元化发展的出版传媒产业体系。

集团成立以来,坚持市场化运作、集约化经营、产业化发展和科学化管理,以改革创新推动产业发展,规模实力与核心竞争力不断提升。截止 2014 年底,集团资产总额 134.58 亿元,实现营业收入 126.08 亿元。经济规模总量位列全国出版行业第 10 位,成功

进入全国出版行业第一方阵,进入全国"服务业企业 500 强"。集团 2011 年被新闻出版总署评为"走出去"先进单位,2012 年被中宣部、文化部、广电总局、新闻出版总署评为"全国文化体制改革先进单位",2007－2014 年连续被商务部、中宣部等五部委评选为"国家文化出口重点企业"。

2011 年 12 月 2 日由集团控股的"大地传媒"股票在深圳证券交易所挂牌交易,实现了集团出版、印刷、物供板块的先期上市。2014 年 5 月 28 日上市公司重大资产重组事项经中国证监会审核获得无条件通过,标志着集团包括发行在内的整体上市取得圆满成功。2013 年中原大地传媒股份有限公司营业收入、经济效益和股市总市值分别位列上市公司第 10 位。

第二节　中原出版传媒集团现代企业制度建设的历程

中原出版传媒集团的改革历经河南出版集团"事转企"改革和中原出版传媒集团股份有限公司通过资本运作"借壳上市"两个阶段。河南出版集团于 2004 年成立起，就开始为"事转企"改革工作做精心准备，后来逐步推进了集团的分步改革历程，开始三项制度改革、理顺全省新华书店经营管理体制、推进资源重组等，在此基础上，通过清产核资、合理处置划拨土地、妥善转换劳动关系、建立母子公司体制等步骤，实现了整体转制的改革目标。经过清产核资、资产评估、人员身份转换、工商注册登记、法人治理结构建设等工作，于 2007 年 12 月成立中原出版传媒投资控股集团有限公司，完成了整体"事转企"改革工作（除河南人民出版社之外）。中原出版传媒集团股份有限公司成立后，主要是建立现代企业制度，对控股公司进行股份制改造，实现集团公司借壳上市和整体上市。

一、河南出版集团时期：事转企改革

河南出版集团于 2003 年 1 月经中宣部、新闻出版总署批准组建，2004 年 3 月 28 日正式挂牌成立。当时按照全国文化体制改革工作的部署，根据"政企分开、政事分开、官办分离"的原则，将原来由河南省新闻出版局管理的出版、发行、印刷、物供等 22 家单位（省新华书店系统按一家单位计算）划归河南出版集团管理，其性质为事业单位，实行企业化管理。集团组织结构（如图一）集团总部下设集团办公室、党委办公室、纪委办公室、出版业务部、教材出版部、印制业务部、财务部、事业发展部、市场营销部、人力资源部、工会办公室;集团有成员单位23家,其中出版单位13家、印制单位3家、发行单位3家、印刷物资供应单位1家、对外贸易单位1家、后勤服务单位1家、新闻出版资料馆1家。

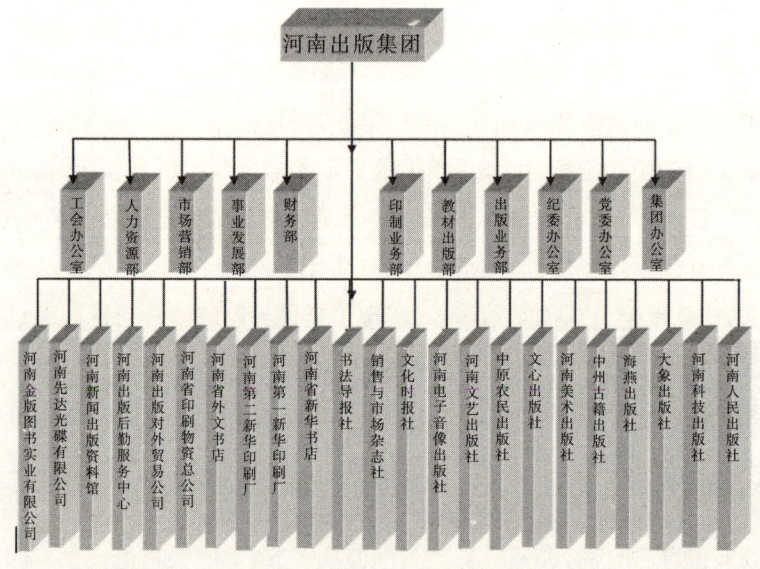

图5-1　河南出版集团组织架构图

河南出版集团成立后,积极响应全国文化体制改革的号召,在省委、省政府和省直有关部门的大力支持下,集团为"事转企"改革工作做了精心准备。河南出版集团在组建之初就成立了改革工作领导小组,制定了《河南出版集团整体改革方案》,对集团系统改革工作分阶段做出了全面安排,明确了改革的基本思路、重点领域、推进步骤和目标任务。

2004年在全系统开展了"为什么建集团、怎样建设集团、如何发展集团"的思想解放教育活动,统一了集团系统经营管理者和职工的思想与行动,为顺利推进改革奠定了坚实的思想基础和工作基础。

2005年改革行政事业化干部任用方式,面向社会公开招聘集团系统经营管理者,共选拔调整配备集团各级经营管理者159名,为集团的改革和发展提供了强有力的人才支持和组织保障。

2006年8月对集团所属11家事业单位的1000多名员工,开展了以人员聘用制为主要内容的人事、劳动、分配三项制度改革。

2007年7月按省政府常务会议的决定精神,完成了对全省(除郑州市店外)17个省辖市和112个县(市、区)新华书店经营管理体制的理顺工作,共接收人员15000余人,解决了全省新华书店50年来资产、经营与人事管理相分离、制约集团产业发展的体制性矛盾,为加快构建统一开放、竞争有序和具有市场主导控制力的出版物市场体系奠定了坚实的基础。

2007年7月16日,河南省政府第188次常务会议研究批准了集团《河南出版集团"事转企"改革暨成立中原出版传媒投资控股集团公司方案》。2007年12月27日,在完成国有资产价值确认、人员劳动关系转换的基础上,河南省机构编制委员会下发了《河南省机构编制委员会关于注销河南出版集团及所属事业单位机构编制的批复》(豫编[2007]83号),除2家事业单位注销和河南人民出版社保留事业单位性质外,核销集团及所属146家事业单位全部转制为企业,核销事业编制12373名全部实现了身份转换。按照《公司法》等法律法规规定,经国家工商行政管理局核准,完成了集团公司工商注册登记。至此,河南出版集团的"事转企"改革工作全面完成。

2007年12月28日,中原出版传媒投资控股集团有限公司正式挂牌运营。中原出版传媒投资控股集团有限公司与河南出版集团相比有三个明显的变化:即变经营性事业单位为出版产业发展主体;变行政隶属关系为资产管理关系;变行政化经营主体为市场化经营主体。河南出版集团转制为企业集团公司,经营性事业单位转制为企业,企业单位进行公司化改造并逐步进行股份制改造,建立现代企业制度,形成以资产为纽带的集团母子公司体制,为集团化建设和出版产业发展提供强有力的体制机制保障。

中原出版传媒投资控股集团有限公司建立了以资产为纽带的母子公司体制,确立集团公司对所属子公司实施投资控股的职能和地位,作为省政府授权的国有资产经营主体,成为集团的投资决策中心、管理控制中心和收益分配中心,依法具有集团全部国有资产的收益权、处置权、投资决策权以及选择经营者的权利,而集团所属子公司作为集团授权的国有资产经营实体,成为集团的生产经营中心、成本中心和利润中心。

二、中原出版传媒集团时期:完善现代企业制度

中原出版传媒投资控股集团有限公司以转制为契机,逐步完善现代企业制度,对所属全资子公司、控股公司进行股份制改造,以集团化、规模化、产业化为目标,对出版、印制、发行、物资供应各环节,全面实施结构调整和资源优化配置,逐步组建新华营销传媒、新华印刷、新华物资、新华书店发行等子集团,努力形成集约化、规模化、品牌化经营的产业结构体系,强力打造国内具有较强影响力和竞争力的大型出版传媒产业集团。一是做好主业,"要确保出版资源向有实力的优质出版企业倾斜配置",积极推进报刊资源整合工作,将市场定位不准、经营管理不善的《文化时报》、《百姓视点》、《新家庭》并入在国内具有较强实力的《销售与市场》杂志社,组建了河南新华营销传媒公司,实现了由期刊单一经

营到产品资本品牌复合经营的跨越发展。二是加快集团系统印制资源的战略整合,在原河南第一新华、河南第二新华印刷厂和河南新达彩印有限公司的基础上,重组成立了河南新华印刷集团有限公司,为建设具有区域带动和产业扩张能力的中西部印刷基地创造了条件。三是实施了对集团出版物资资源的整合,将河南省印刷物资总公司、河南国光印刷物资有限公司与深圳托利纸业有限公司进行重组,成立了河南新华物资集团有限公司,为打造中西部地区最大的出版物资贸易企业奠定了基础。四是整合全省新华书店系统资源组建了河南新华书店发行集团,为打造覆盖广泛、传输快捷的中西部最大的出版发行中心创造了条件。

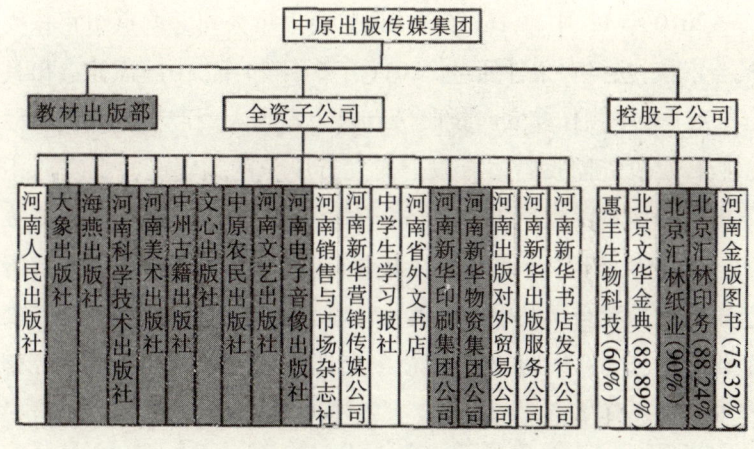

图 5-2 中原出版传媒集团组织结构图

2008 年,按照《公司法》对集团公司所属 156 家企业进行了全面的公司化改造,全部完成了新的工商注册登记和税务登记,进行全面的公司化改造,使集团所属企业成为真正的市场主体。集团公司及所属子公司按照《公司法》的要求建立了法人治理结构,初步形成了集团母子公司管理体制。

2009年,中原出版传媒集团经过全面调研,确定了借壳"焦作鑫安"上市的工作目标。2009年12月30日向中国证监会、深交所递交了相关文件,启动了股权分置改革、重大资产重组预沟通程序。

2010年9月27日、28日分别召开了上市公司2010年第一次、第二次临时股东大会,审议并表决通过了《关于利用资本公积金向流通股股东转增股本进行股权分置改革的议案及股权分置改革方案》与焦作鑫安发行股份购买资产的一系列议案,集团公司于2010年9月29日向中国证监会报送重大资产重组的申请文件。

2010年12月21日,经中国证监会上市公司并购重组审核委员会审核,获得有条件通过。2011年5月24日,中国证监会出具了《关于核准焦作鑫安科技股份有限公司重大资产重组及向中原出版传媒投资控股集团有限公司发行股份购买资产的批复》,中原出版传媒集团旗下11家全资子公司(9家出版社、1家印刷集团、1家物供集团)及北京汇林纸业有限公司、北京汇林印务有限公司两家控股公司及中小学教材代理出版业务注入中原大地传媒股份有限公司。同时,在股票恢复交易之日起的两年内,实现完整产业链的整体上市。

2011年9月6日,上市公司向深圳证券交易所提出复牌申请,经深交所恢复上市审核委员会审核批准,中原大地传媒股份有限公司股票于2011年12月2日在深交所正式复牌交易。中原出版传媒集团成为河南省第一家拥有上市公司的文化企业和全国文化领域的战略投资者。

2011年中原大地传媒股份有限公司超额完成盈利预测目标,整体运行平稳,市场表现良好,为此集团荣获2011年度全国出版集团"上市运营创新奖"。中原大地传媒股份有限公司是继辽宁、安徽、湖南、江西、江苏之后全国出版界第六家在境内成功上市的出版传媒企业,在出版传媒业界和资本市场上都引起了积极的反响,大大提升了集团的整体对外形象。

2012年3月底,集团所属单位河南人民出版社完成了转企改制工作。2013年11月26日,集团整体上市重组方案上报证监会并得到受理。2014年5月28日,经中国证监会审核,上市公司重大资产重组事项获得无条件审核通过;7月31日,集团成功将发行、出版外贸等板块业务与资产装入中原大地传媒股份有限公司,完成集团全产业链整体上市。

集团公司上市完成后,中原出版传媒集团严格按照《公司法》、《证券法》和中国证监会的有关要求,建立晚上的法人治理结构,规范公司运作。

中原大地传媒股份有限公司作为我省第一家拥有上市公司的平台优势,通过省内外相关资源的兼并重组,寻找新的合作项目,促进出版与文化、科技、金融、教育等方面的融合,提升主业核心竞争力、深化产业数字化转型、夯实发行基础设施建设,使资本市场真正成为促进产业发展的助推器。

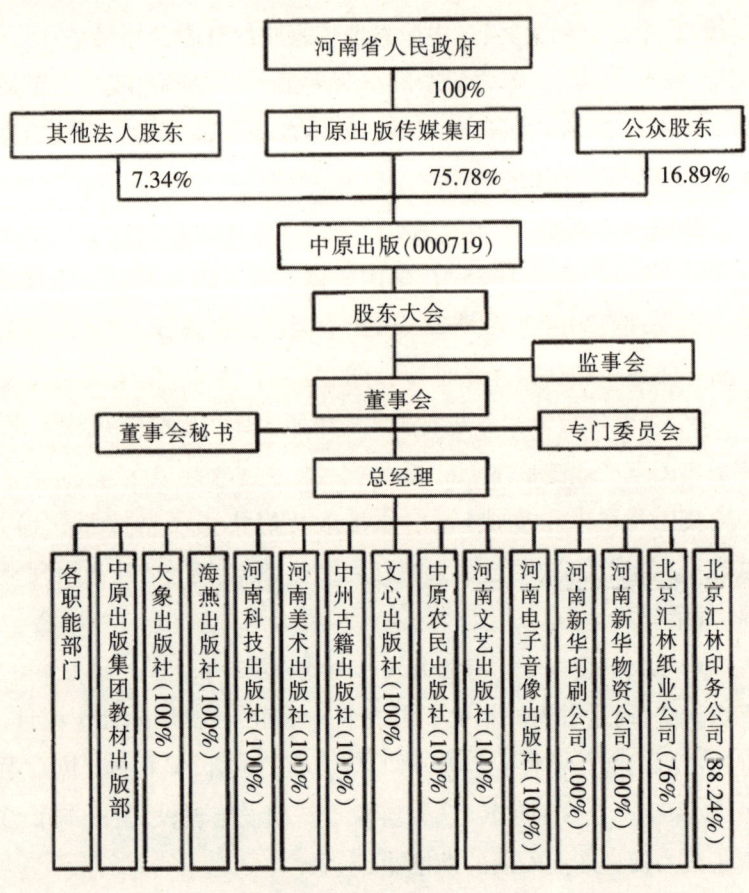

图 5-3 中原出版传媒集团上市公司股权结构

第三节 中原出版传媒集团现代企业制度建设的经验

河南出版集团的"事转企"改革,是全国文化体制改革中参与单位最多、参与人数最多的一次重大变革,在中央和河南省委、省政府的坚强领导和大力支持下,走出了一条实事求是、稳妥可靠低成本的出版体制改革之路。在整个"事转企"改革过程中,确保了集团系统生产经营工作的正常开展和集团产业的平稳较快发展。集团组建以来,坚决贯彻落实文化体制改革的方针政策与决策部署,强力推进各项改革,具体做法和经验如下:

一、开展思想解放教育活动,转变思想观念

组建河南出版集团和实施集团整体"事转企"改革,是省委、省政府做出的重大决策,也是河南出版业 50 年来的重大体制变革,集团两次开展思想解放教育活动,为推进改革奠定了坚实的思想和工作基础。针对组建集团和集团整体"事转企"改革过程中干部职工复杂的心理,集团于 2007 年 10 月,在集团系统开展了"事转企"改革两次大的思想解放教育活动,传达了中央和省委、省政府关于文化体制改革的目的和要求,进一步明确了集团的改革目标与任务,统一了集团系统干部职工的思想和行动,为集团系统改革的顺利推进奠定了较为坚实的思想基础和工作基础。一是召开集团系统"事转企"改革动员大会,传达贯彻了省委、省政府关于集团系统"事转企"改革的决定精神,对"事转企"改革的目的意义、目标任务、政策依据、关键问题、推进步骤等进行全面地宣传发动和政策宣讲。二是组织集团系统全体员工学习改革政策和改革方案,在吃透精神、明确改革目的和改革任务的基础上,形成全体员工对"事转企"改革的统一认识,积极改革、主动改革、支持改革。三是充分发挥集团系统党组织、工会和共青团组织的作用,做好深入细致的思想政治工作,切实保护好职工的合法权益,为推进改革工作打下良好的群众基础。四是要求集团系统纪检部门切实履行职责,发挥好监督和保驾护航作用,确保改革过程中国有资产不流失,各级经营管理者正常大胆履行经营管理和改革发展的职责。

二、完成三项制度改革,进一步解放了出版生产力

2005年,集团制定了《关于公开选拔竞聘和调整配备经营管理者的实施方案》,实施了50年来河南出版史上第一次面向社会公开招聘经营管理者,改革行政事业化干部任用方式,完成了适应产业化、市场化要求的经营管理者公开选拔竞聘。经过公开、公平、公正的程序,共选拔和调整经营管理者159名,为推进集团改革和发展提供了强有力的人才支持和组织保障。2006年8月,对集团所属11家事业单位的1000多名员工,开展了以人员聘用制为主要内容的人事、劳动、分配三项制度改革。通过改革实现了由事业身份管理向企业化岗位管理的转变,由行政任用关系向平等协商的聘用关系的转变,由国家用人向单位用人的转变,打破了行政事业化的收入分配模式,建立了以岗位工资和效益工资为主要内容的结构工资制度。通过完成集团所属事业单位三项制度改革,进一步解放了出版生产力,形成了人员能进能出、职务能上能下、待遇能高能低,优秀人才脱颖而出的新型人事、劳动和分配机制。

三、理顺全省新华书店经营管理体制

按照省政府第 188 次常务会议"理顺全省新华书店经营管理体制"的决定,集团于 2007 年年底,完成了对全省(除郑州市店外)17 个省辖市和 112 个县(市、区)新华书店人员的划转接收,2009 年年底在省文改办、省国资委、省工商局等部门的大力支持下完成了郑州市新华书店的公司化登记,基本实现了集团对全省新华书店系统人、财、物的统一垂直管理,基本解决了全省新华书店 50 多年来资产、业务经营与人事管理相分离、制约出版产业发展的体制性矛盾,为加快构建统一开放、竞争有序和具有市场主导控制力的出版物市场体系奠定了坚实的基础。通过理顺全省新华书店经营管理体制,为做大做强出版集团创造了体制性条件。

四、以人为本,稳步推进人员身份转换

人的问题是转企改制的核心问题,是决定"事转企"改革成败的关键。据测算,在集团"事转企"改革中,有 52.8% 的人员符合提前退休或离岗条件,需支付提前退休人员保险费、养老金和身份置换成本约 17.88 亿元。这样大的"事转企"改革成本,不仅对新生的河南出版集团来说难以负担,政府也难以支付如此高额的改革费用。集团员工身份由事业转变为企业后,退休后的养老待遇将比退休前降低一半。由于员工都要争赶"事转企"政策这班车,瞬间会造成集团人才的大量流失,造成产业发展人才真空,不仅达不到"事转企"改革的目的,还会严重影响出版产业的健康发展,甚至还会成为影响社会安定的重大因素。面对这一重大难题,集团与省编办和人事、劳动与社会保障等部门进行了充分、深入的沟通协商,提出了在集团"事转企"改革中实行"老人老办法、新人新办法"的政策建议。即河南出版集团及所属事业单位自省政府批准转企之日起,所有在编在册正式人员保留事业身份,按企业用工制度到转制后的企业工作,员工达到法定退休年龄时,按事业身份核发养老金和办理退休手续;转企后新进人员一律为企业身份,执行企业劳动用工制度、薪酬制度和养老保险制度。集团按照"老人老办法、新人新办法"的政策,妥善解决人员劳动关系转换和养老保险衔接问题,确保了整个系统的思想稳定和队伍稳定。

五、创新发展,以发展促改革

集团以集约化、规模化、产业化为目标,积极推进出版资源整合和改革重组,发展壮大集团实力,为改革发展,建立现代企业制度提供坚实的经济基础。集团为改变在长期计划经济体制下形成的"小、散、低、差"的产业形态和产业结构,尽快转变出版增长方式,形成市场化、集约化、规模化、国际化的现代出版产业发展格局,提高集团的产业集中度和规模经营效益,增强集团的整体实力、核心竞争力与抗风险能力,集团全面加快集团资源整合和改革重组,以集团化、规模化、产业化为目标,逐步组建新华营销传媒、新华印刷、新华物资、新华书店发行等子集团。其次,战略合作,创新发展。中原出版传媒集团自2011年以来,相继与浙江出版联合集团、人民教育出版社、深圳天朗公司和世纪创新数字(中国)有限公司等单位签订战略合作协议,就数字出版、内容出版、出版物营销、新型卖场建设、资本运作、信息交流、人才建设等方面开展全面合作。最后,业态创新,多元发展。

六、深化文化体制改革,建立现代企业制度

出版集团的转企改制工作跨越了转企、股份制改造和上市三大步,即通过上市来优化股权结构,完善集团公司法人治理结构;

以资本为纽带,以业务重组为链条,打破行政、地区壁垒,快速整合资源,实现规模效益,其发展模式对我国文化体制改革的制度选择起了重要的示范作用。出版传媒集团股改上市后,除了获得资金这个融资目的外,更重要的是促使企业在股权结构、公司治理、管理理念、经营机制等方面实现质的飞跃,从而推动企业向更高层次、更大规模、更快速度发展,使企业真正成为技术先进、结构合理、机制灵活、核心竞争力强的市场主体。股改上市后,集团公司成为了公众公司,必将面临严格的监督管理,有着明确的信息发布,集团公司也必将加快建立规范的法人治理结构,实现经营决策机制的彻底变革。通过股改上市,集团建立了规范的制度体系,提升了公司整体管理水平。集团公司可以建立多元化的股权结构,建立权力制衡的股东会、董事会、监事会、经理层的机制,从而形成合理、规范的经营决策机制,从制度上彻底解决政企不分、经营效率低下的状况,并保证公司经营的独立性。上市公司要求经营管理水平很高,特别是信息披露制度,将会促使集团公司的管理由粗放型向集约型、精细化转变,按照资本市场规则规范企业的经营行为,从而达到完善企业内部控制制度,优化业务流程,提高管理效率,增强抵御风险能力的目的。2009年3月18日,中原出版传媒集团通过司法拍卖的途径,成为了鑫安的第一大股东。2011年中原出版传媒集团借壳成功,是中国出版业又一例借壳上市的公司。集团要上市,就要要求集团是真正的市场主体,要建立起现代企业制度,要要建立现代企业法人,要有市场经济实体,就要实行公司制改造,实行政企分开,这也要求出版集团要上市,就要打破行政化干预,以市场为导向,以资本为纽带,实现企业公司化运营,这就反逼着政府和企业进行去行政化,让企业真正成为市场的主体,这就是说,上市实际成为了一种倒逼机制,逼迫着政府和出版发行集团进行深化改革,减少行政化干预。中原出版传媒集团上市,不仅是融资上的需求,也是文化体制改革顶层设计中,用上市来倒逼改革,建立现代企业制度,注重资本的效应,打破区域化、行政化垄断。

第四节　中原出版传媒集团建立现代企业制度中的问题

中原出版传媒集团转企改制工作虽已取得阶段性的突出成绩,但受改革启动时间、原始积累、成长方式的影响,不同出版企业仍存在不同问题,其核心都涉及现代企业的产权结构、产权关系。现代企业制度是指以完善的企业法人制度为基础,以有限责任制度为保证,以公司企业为主要形式,以产权清晰、权责明确、政企分开、管理科学为要求的新型企业制度。制度的产生与发展是为了适应经济的发展,内外部环境的变化,使得原有的体制不再适应经济的发展,其弊端也就日益暴露出来。中原出版传媒集团在体制改革及建立现代企业制度中也有一些问题需要进行改进。

一、产权不明与政企不分,出资人关系还未理顺

现代企业制度的建立,要求有明晰的委托关系和委托人。产权清晰有两层含义:一是产权在法律上的清晰,即产权有完整的法律地位、得到真正的法律保护;二是产权在经济上的清晰,即现实经营过程中的清晰。目前出版企业的产权仅拥有法律层面上的清晰,在整个经济运行过程中并不清晰。出版企业国有资产的委托体系代理链条过长,责任主体过多,行政性太强;各级委托者之间由于国有产权代表的选拔委派制度、激励约束制度和考核监督制度建设滞后,并非是责权利对称、互为约束的关系,这导致了企业产权关系软化、虚设和模糊等现象。在现阶段,出版产业仍然存在产权流动不畅的问题,首先,因国有股权人虚置,无人能对国有股

权的出售、转让负责,产权置换过程中行政批复环节过多,难以高效进行。其次,出版企业人员安置、社会负担转移、银行债务偿还等巨额转让成本也带来了产权交易资金短缺的问题。再次,非国有资本或行业外资本不能公平进入产权市场。最后,出版企业无法正常退出市场,出版企业之间一些正常的资本运作也因涉及产权问题而被叫停。不从根本上改变国有出版企业的产权制度而试图去建立现代企业制度,最终可能"画虎不成反类犬",违背改革的初衷。

中原出版传媒集团转企改制前,其经营者和管理者都是河南省政府,这明显是管办不分,转企改制后,建立了现代企业制度,这就需要实现经营和管理的分离,并且要有明确的经营者,只有在此基础上才会有合理的法人结构,才会建立健全现代企业制度。中原出版传媒集团的出资者是河南省政府,但是细究起来,河南省政府代表的是河南省全体人民,并没有确切的出资人,这也就形成了代理人空位,无法找到出资者,因此也就无法实现经营与管理之间的制衡,无法建立完善的法人治理结构,建立适应市场经济的现代企业制度。不仅如此,改制后虽然名称更名为中原出版传媒投资控股集团有限公司,实际上只是变换一个名字而已,因为仍然是国资委100%控股,这也造成"所有者缺位",没有人真正关注出版业国有资产的增值保值问题。

由于我国图书出版行业具有双重属性,因此在微观层面,出版集团的管理和经营没有彻底分离,在宏观层面,政府引导舆论的职能和所有者职能交织在一起,也就产生了所有者、管理者和经营者三者之间权力的失衡。经理层不能直接决策,必须听命于所有者和管理者,也就在某种程度上使得市场效益让位于政府的舆论引导。这种状况也就导致了市场激励让位于行政激励,也就形成了

"官本位"的行政权力思想。国企改革的实践已经证明,"官员式"经理的"业绩",主要体现在是否遵照执行上级指令,而不是或不完全是企业经营利润的高低。然而在目前激烈的市场竞争的条件下,中原出版传媒集团如果想要顺利实现自身发展的目标,就需要制定可行的战略决策,调动员工的积极性,使他们积极参与其中。但中原传媒出版集团的法人治理结构只是行政式的激励,这种行政式的激励往往使得企业资源配置处于低效,这种"企业化管理"也使得中原出版传媒集团的现代企业制度的建立的发展陷入了困境。

中原出版传媒集团的发展,需要明晰的产权,也应该改变政企不分的局面,以免成为行政机构的附属物。作为具有双重属性的中原出版传媒集团既要遵循政府的舆论引导功能,注重社会效益,又要注重自身的市场竞争力,注重经济效益。作为具有公共物品属性的出版业,在市场竞争中只是一味依赖政府,就会造成政府调控的失灵。当政府的干预与市场经济的发展无法达到平衡时,就会失去对纠正市场偏颇和过激的作用。因此中原出版传媒集团在现代企业制度的建立中需要明晰产权、实现政企分开。

二、集团公司治理结构不完善

目前,相当一部分出版企业依然在沿用传统的组织结构,尚未建立法人治理结构。已进行公司法人治理结构建设的企业,由于产权制度改革未得到实质性突破,实践中"模拟"大于"创新"。一方面,上级单位的行政授权和行政权力运作方式往往延伸到公司治理结构的领导权结构中,从而破坏了权责制衡机制。另一方面,出版企业国有股"一股独大",董事不可能经由股东选拔产生,于是出现董事会"拉郎配"式的组建方式,造成出资人责任的虚化、软化。有的董事会与上级单位国有资产管理委员会或党委会、职代会和工会重构，职能交叉，人员重叠，公司治理结构中的各权益主体无法按照公司章程的规定明确各自责权，企业运营无法得到有效规范。由于中原出版传媒集团是国有独资的出版集团，全部由政府出资就造成了"国有股"一股独大的局面，由此也造成了在公司法人治理结构上存在有不完善的地方。我国《公司法》规定："国有独资公司不设股东会，由国有资产监督管理机构行使股东会职权。国有资产监督管理机构可以授权公司董事会行使股东会的部分职权，决定公司的重大项……"这种规定，一方面，给国有独资公司的治理带来了灵活性，另一方面，在所有者缺位的情况下，出版集团公司治理链条中就缺少一个制衡的环节——股东会。中原出版传媒集团迄今为止没有设立股东会，只是以党委联席会暂行股东董事会职能，因此决策权和经营管理权高度重合，股东会的制衡作用在实际中造成了缺失，不利于集团的科学决策。在集团战略及其他重要决策中，党委会起着非常重要的决定作用，股东董事会没有建立就很难使其履行出资人的职能，那么企业做出的重大决策难免会出现偏差。这也反映了中原出版传媒集团公司治理结构流于形式，行政管理思维依然流行的事实。

集团公司上市子公司中原大地传媒股份有限公司由于受《证券法》的约束，其法人治理结构方面相对规范，但是公司董事会、监事会、经营管理层大都由集团公司党委委员兼任，导致权力高度集中。如中原大地传媒股份有限公司除独立董事和董秘外，其余高管全部都在集团公司担任重要职务，董事长王爱任中原出版传媒投资控股集团有限公司董事长兼党委书记，监事会主席王大玮任中原出版传媒投资控股集团有限公司纪委书记等。由于国有股一股独大，权力高度集中，所引起的后果就是对于上市公司的日常运营无法进行监督,对于公司的决策无法进行科学决策,对于广大中小股东的利益也难以有所保障。这种高度重合的治理模式,可能会带来公司运作上的高效,但造成不良后果的概率会大得多。

三、人力资源的结构性难题

在人力资源的管理中,中原出版传媒集团更多采用的是行政单位的用人机制,这种用人机制设计极不合理,造成了权利、责任和义务的不对等。中原出版集团由国资委出资,但是国资委没有人事任免权,企业党委的任命归省委直接任命;集团厅级干部由省委组织部任免,副厅级干部事前备案;集团处级干部的任免,由省委宣传部事前备案,实际上具有事前审批的性质;人力资源部部长由宣传部任命,向省委组织部备案;集团子公司一把手,是由宣传部来任免或事前备案;公司只是在科级干部这一个层次具有人事任命权。以上现象充分说明,中原出版集团并没有独立的人事权,或者说人事权不是太清晰,这都对集团的发展建设有着极大的影响。企业管理关键是人财物,关于管人这一个方面,企业没有独立自主权,这无疑会影响企业的积极性。用人机制设计的不合理,必然导致负责人的经营能力很难与企业的经营业绩挂钩。这一问题的提出内含着这样的逻辑,省委宣传部这个婆婆的人事任免权要削减,但事实上,因为省委宣传部担负管人、管事、管资产、管导向,如果让责任与权利对等,让宣传部失去人事任免权,说不定效果会更糟糕。

如何保证用人导向和企业经营盈利导向,取决于企业高层领导与省委宣传部的关系,取决于企业高层与省委宣传部的沟通和协调能力,也考验着集团在用人制度上的创新能力。

四、"官本位"行政观念严重

对于管理者本身而言,真正的企业家需要面对市场,并在市场竞争中获胜,但是反观中国,国有企业只是行政的中转站,在企业中照样行使着与行政级别相对的权力。中原出版传媒集团一开始是国有企业,管理者都有行政级别。但,转企改制后,管理层的身份,也就只是社会中的一个商人而已。也就从"士农工商"的一端走向了另外一端,因此管理者就觉得自己的社会地位降低了。引用一位经济学者的话说,思想观念的转变对改制企业经营的成败和未来发展至关重要,而一个企业整体观念的转变主要取决于其主要领导者观念的转变。作为企业领导思想观念的转变与否,最终影响企业整体观念的转变和全新运作模式的有效实现。

为了稳定人心,稳步推进改革,集团对于人员安置问题实行了"老人老办法,新人新办法"的方法,这为体制改革的推进提供了安稳的社会环境,但也给集团留下了一些人员管理上的障碍。由于实行了"老人老办法,新人新办法",在集团内部还保留着相应的行政级别,如厅级、处级、副处级等,其待遇和级别都得到相应的保留,不仅如此,在集团公司内,相应的权力也是按照行政级别来分配的,这和现代企业里的经营管理理念和激励手段都相违背,也是一些管理者不能奋发有为、敢于担当的一个重要原因。集团公司的管理者及成员们的思想观念还停留在行政官本位思想,不能适应新的经济竞争大潮,只有从根本上扭转这种错误的思想,才能让中原出版传媒集团走得更远。

五、内部运营机制创新不足

出版企业体制机制创新要走一条从行政管理到企业管理的道路。不少出版单位的内部运行机制构建受以前"双轨"管理体制的限制,往往是局部的、有限的,主要集中在策划、编辑、营销等生产业务板块;而在战略管理机制、创新机制、人才机制等方面的构建尚为落后。一些单位的工作方式则还保留了计划经济时代的特征,远离市场,落后整个社会大发展。科学的企业管理机制如果不从根本上转变,则可能导致新的行政官僚化。转企改制对出版企业经营者提出了更高要求:兼具商业智慧与文化担当,丰富的行业知识和充沛的管理能力。此外,出版企业在财经、IT、数字出版、"走出去"等方面的人才也相当匮乏,以往事业体制下的人才培养和选拔机制显然已无法应对现阶段的人才问题。

随着出版产业发展的多元化,出版上市带来的企业性质、产业结构、生产业态的巨大变化,对人才结构的需求提出了更高更新的要求,原有的人才结构已经不能满足生产发展的需要。出版传媒产业作为创意产业是非常典型的智力密集型行业,是人才驱动型行业,离不开人才驱动和创新驱动,集团公司目前面临人才结构性困境,主要表现为严重缺乏管理领军人才、创意策划人才、资本运营人才、数字出版人才和市场营销人才等,内部创新激励机制和收入分配机制还不够完善,高端专业人才匮乏和体制机制僵化是制约集团产业加快发展的重要瓶颈。从而阻碍了集团的创新发展和可持续发展。

六、母子公司关系没有理顺

集团董事会与上市公司董事会高度重合,这种情况虽然带来高效率的决策,但这种管控模式偏重子公司运营,偏运营性的管控模式直接或间接导致上市公司偏于执行,集团总部职能趋于行政化、空心化,更难以发挥价值型总部功能,集团总部作为投资主体、资源整合主体弱化,价值型总部功能难以发挥。

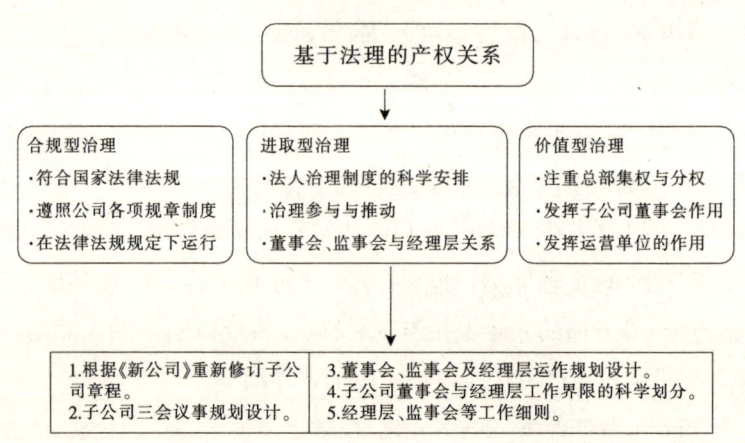

图 5-4 母子关系管控模式

七、新型高科技复合型人才匮乏

各出版集团纷纷根据自身发展的需要招贤纳才,完善集团跨越发展所需的人才架构。凤凰传媒、中文传媒、长江出版传媒等都在热招上市公司发展所需的资本运营、投资管理、金融证券类专业人才;随着市场竞争的加剧,各出版集团也都越来越重视数据采集分析等专业性工作,除编辑、发行人员外,计划运营专员、数据采集分析员、工商管理人员等炙手可热;与数字出版相关的软件、硬件技术人员也越来越成为出版集团竞相抛出橄榄枝的对象。在新一轮的人才竞争中,集团能否抓住发展机遇,加快人才队伍体系建设,加快各类高端人才、专业人才、复合型人才的引进和培养,并有效解决好人才引进后与企业的快速融合,使其真正为集团的发展发挥作用,这些都是要面对且需尽快解决的问题。没有一支数量充足、政治坚定、业务精通的高素质的出版人才队伍,要建设一流的现代出版传媒集团只能是一句空话。中原出版传媒集团现代企业制度的建立,需要进行跨行业、跨地区的资源融合,原有的人才培养模式,也需要进行适当的改变,以适应现今市场经济发展的需求。

第五节　中原出版传媒集团建立现代企业制度对策及思考

要成为真正独立、合格的市场主体,出版企业必须建立科学的现代企业制度,同时,还要强调企业文化和文化管理机制,借企业文化来弘扬出版精神、完善出版理念、提高经济效率、实现社会效益,最终形成既尊重现代企业科学发展规律,又符合文化企业特殊属性的现代文化企业制度。

一、做好顶层设计,走内涵发展的道路

由于出版产业的特殊的意识形态作用,对于出版集团体制改革不仅仅是关注于经济效益,更主要的是其社会效益和导向,所以中国出版集团的体制改革主要是政府主导型改革,是在政府既定改革目标、既定改革框架内的体制改革。因此,改革成功与否,与顶层设计有着莫大的关系。出版集团的每一次重大改革,都有政府的政策依据和相配套的扶持支持政策,这就要求政府在详细调研、科学论证的基础上,做好顶层设计,在政策制定上,对于文化企业也要做好相应的安排。具体操作层面,对于出版集团的公共文化层面、意识形态层面、非时政类报刊层面的业务应该分类监督管理,做出科学的安排和计划。按照政企分开、政事分开原则,推动政府部门由办文化向管文化转变,推动党政部门与其所属的文化企事业单位进一步理顺关系。建立党委和政府监管国有文化资产的管理机构,实行管人管事管资产管导向相统一。我国大部分经营性出版单位的转制是通过政府主导来推动的,长期以来事业单

位的传统观念和管理模式导致转制流于形式,出版单位内部交易成本过高。企业的交易成本直接影响着企业的市场竞争力,出版企业在复杂的市场环境下,必须促进出版企业内部市场化,实现管理机制再造,降低企业内交易成本,走内涵发展的道路。

文化企业应按市场思维规则行事,而不能按行政思维规则办事,但是行政力量可以在资源配置时起到促进作用,可以加快市场配置资源的速度和能力,避免市场变动的盲动性,这就要求文化监管部门做好顶层设计,以市场为导向,兼顾社会效益,更大地发挥市场分配资源的作用。

二、引进战略投资,优化产权结构

以集团公司整体上市为契机,以资本运作为引领,引进战略投资者,打破国有股"一股独大"的局面,改变集团股权结构,建立多元化产权的现代企业制度,形成适应市场经济要求的新体制,提高集团的市场化运营水平和产业持续发展能力。在不违背基本政策的前提下,可以首先尝试跨地区、跨行业国有文化企业之间相互持股的方法,既没有打破国有经济控股的局面,又可以借鉴发展较好国有文化企业先进的经营管理方法。集团整体上市后,根据国家推进混合所有制改革的精神,在集团系统混合所有制摸底调查的基础上,充分发挥大地传媒上市的平台优势,积极引入非国有资本及其他投资主体,探索混合所有制实现形式,以货币、实物、优质业务、无形资产等资本形式,通过出资入股、收购股权、认购可转债等多种途径进行资本运作,鼓励集团系统出版发行单位与民营工作室、民营书商、民营高科技公司等单位,在选题策划、数字出版、营销发行、文化创意等领域展开深度合作,认真做好混合所有制试点,积极探索混合所有制实现形式,进一步提高集团参与市场、壮大实力的能力和水平。

以集团整体上市为契机,构建完善的现代企业制度。加快构建适应产业化发展、市场化运作、规模化经营的产业运行新体系。按照《公司法》等法律法规规定,完善集团系统法人治理结构,加大内部机制改革力度,改革经营管理者聘用、劳动用工和收入分配制度,形成适应市场发展要求的公司化运行模式和运行机制。上市企业有着严格的规范,要求有规范的现代企业制度,这就要求中原出版传媒集团及中原大地传媒股份有限公司建立健全规范的管理制度、决策机制、财务制度、监督管理制度等,以此为契机,可以建立健全科学合理的企业制度和企业文化。

三、完善公司治理结构

完善出版企业的公司治理结构,最重要的是确保出资人到位。除了完善出版企业国有资产委托机制,弱化国有产权虚置带来的一系列问题之外,纠正公司治理结构实践中的种种形式主义,同样至关重要。董事会的建设不能搞"一刀切",要根据不同企业的产权结构和产权关系因社制宜。其次,要纠正机构重叠、职能错位和角色冲突等问题。第一,企业可试行内部员工持股制度,形成风险共担、利益共享的利益共同体及与之相适应的约束机制。第二,创新党组织工作方式。党组织在企业内部具有核心地位,但党委不是国有资产出资代表,不能代替董事会或监事会行事。第三,重新界定监事会的人员组成,并建立相应的权责机制,使监事会真正发挥监督作用。第四,创新经营者选拔任用机制,将行政化、官员化、终身化的上级任命制,改为市场化、职业化、专业化的董事会聘任制。在解决以上问题时,创新产权激励方式是重要的环节。出版企业要避免重蹈国有企业改革中以往重"物"轻"人"的覆辙,建立人力资本产权激励机制。人力资本产权的界定不能简单等于管理层都一律持股的内部人控制结构,也不能"一刀切",采取员工集体持股的表面股份多元化。只有当拥有公认业绩的人才资源才能享有产权时,产权激励才能真正产生效益。

四、摒弃陈旧的价值观念,改变官本位行政思想

文化体制改革的深入发展,现代企业制度的建立,首先要转变思想观念,从官本位的行政思想转变到市场经济的规则观念。创新符合社会主义特色市场经济环境的企业文化,以先进科学的文化引领,形神兼备,知行合一,正确看待企业身份与社会效益之间的关系。转企改制后,作为市场主体,出版社要按照经济规律办事,但同时,作为社会责任主体,出版企业又必须面对现代企业的社会责任。现代企业社会责任不仅涵盖社会效益和经济效益,而且兼顾企业生产经营对内部和外部的影响。因此,企业身份并不会影响社会效益。转企改制后,我国出版企业可以根据自身文化和意识形态特性,进一步细化企业社会责任的内涵和外延,以更加明晰、具体的方式实现坚持社会效益前提下的双效统一。要正确看待股份制改造和国家出版安全的关系,国有资本对经济发展的作用是通过国有独资企业、国有控股、国有参股企业三者来实现的,国有资本的控制力不仅体现在国企数量上,更重要的是体现在国企质量上。改革实践证明,稳步开放出版融资并不会冲击正常的出版秩序,也不会影响出版安全。只要保证国有控制权,出版企业在吸收社会资本后会扩大国有出版资本的支配范围,增强国家对出版业的主导地位,放大国有出版业的影响力和控制力。

企业文化建设是企业的核心竞争力,是员工凝聚力、向心力、战斗力的源泉和动力。文化管理是现代企业管理的最高境界,包括两个层面:其一,管理企业文化;其二,用企业文化管理企业。企业文化最终要体现在文化产品和服务上,尤其对于出版企业,其企业文化与自身产品具有高度相关性。在转企改制之后,出版企业文化管理显得尤为重要。一旦企业使命、企业核心价值观、企业核心经营理念深入人心、渗入工作,企业上下就什么是"正确的事"、如何"正确地做事"达成共识,企业文化就形成了生产力。创新型企业文化是指创新已经成为企业的核心价值观,创新理念已得到员工的普遍认同,人们坚信只有创新,企业才能生存,才能发展。企业管理人员十分注重创新,并不断倡导创新,企业管理人员和广大员工都积极创新,敢于进取,敢冒风险,创新思想已渗透到企业上上下下人员的意识深处,并已化为企业员工的行为习惯。

中原出版传媒集团建立现代企业制度之后需要改变原来的经营理念,适应市场经济发展的需要。一个组织的核心竞争力往往体现在对创新文化的培育上,组织正是在这种创新的反馈中不断地发展、壮大的。组织学习和创新是这种文化提倡的重要内容,组织鼓励不断创新并把这些思想表达出来。经营管理者深刻认识到只有不断创新,才能使核心竞争力动态化,同时使竞争对手难以跟踪模仿,从而创造持续竞争优势。在市场竞争中,中原出版传媒集团应该从思想上转变固有的行政观念,应该树立服务大众的意识,提供满足市场需要为目标文化观念,而不是仅仅寄托于政府运用行政手段干预,从而垄断市场,谋取垄断利润。作为一家企业,要想在市场上获利,就需要制定与环境相关的战略决策;作为管理层,应该转变官本位思想,无论是否是国有企业,都无法影响企业的生存与发展;作为员工,应努力工作,树立多劳多得的理念,对于中原出版传媒集团内部,应该从官本位的行政思想转变为市场本位的经济思想。中原出版传媒集团在企业文化部分,需要好好做,从制度文化、理念文化,产品文化,行为文化,都应该加强市场观念,树立创新的文化观念,改变传统的行政官本位思想。

五、创新管理模式,巧用"第三方"力量

我国当前的规制模式是一种二重监管,即由监管层次和配合监管层次构成,要想深化文化体制改革,建立现代企业制度,一定要跳出出版看出版,与大的社会环境结合起来,利用平台和社会力量,共同做强做大做优文化事业,创新管理模式,巧用"第三方"力量,建立我国出版业"三重模式"的规制模式。我国未来出版业规制模式可以设置三层监管模式:第一重是中共党委负责意识形态控制,但不能以意识形态为指挥棒直接干预出版业;第二重是出版业政府专门规制部门;第三重是出版业行业协会。把行业管理职能交还出版业协会,改变出版业协会"二政府的状态"。当前我国出版业行业协会只不过是出版业政府主管部门的代言人,行政化倾向非常严重,并未真正起到行业管理的作用。今后出版业政府主管部门应当加快转变政府职能的步伐,从直接管理转变为加强监督,为出版业行业协会的运作创造空间。出版业行政管理部门在做好市场监管、产业调控的基础上,将大量微观的、技术性和事务性的职能向行业协会这样的社会组织转移,让行业协会把政府原来承担的行业统计、行业信息的发布、市场的整顿规范等一部分服务经济的职能承担起来。从体制上、机构设置上解决政府部门与行业协会的职能划分,确立出版行业协会的合法地位。

其次,借助非政府组织以及市场中介"第三方平台",创新经营管理的模式。在政府、企业和市场的中间地带,还存在着另外两个重要的组织或者中介——非政府组织以及市场中介。在出版行业中,非营利性协会组织能够联系和调动出版企业自我规范和协作,同时也便于政府与出版界的沟通,因而在很多方面往往可以发挥远超政府直接管理而能够发挥的影响和作用。因此,一方面,政府必须加强出版业行业协会的自律管理,推动各种非政府组织的建立,搭建起政府交易、市场交易以及企业交易的中介平台;另一方面,企业要增强市场竞争意识,使用各种市场中介服务来减低运营成本,改进企业运营管理,提高运营效率。

再者,借助第三方智库,创新人才科技战略,加速发展。创新合作模式,与相关高校、专业研究院所及高科技公司加强合作与联系,借助第三方智库的研究力量,加速跨越式发展,解决高科技信息时代高级复合人才和技术的缺少问题,实现数字化转型升级。具体做法是以项目为媒介,与高校研究院组建科研团队,成立的产业研究院为平台,培养和吸引高级研究型人才,结合产业发展需要开展研究研究,推进产学研一体化;以项目为突破,运用股份合作,资本运营,与高科技公司合作,参股高科技公司,组建新型股份公司,实现集团跨越式发展。

六、通过产业重组,以发展促改革

集团完成整体上市后,充分利用资本市场和上市平台,加快实施论证成熟的资本运作项目,围绕加快产业升级转型、提高公司成长性,打造文化领域战略投资者。

以资本为纽带,进行跨地区、跨行业、跨所有制整合资源和产业重组,这对集团发展做大做强至关重要。集团核心主业——以教材教辅和一般书编、印、发为主的出版产业——的高速成长期早已不再,市场格局趋稳,内生增长的空间有限,而且很快将遭遇成长天花板。传媒产业、教育服务业、文化产业虽然延伸空间大,但内生增长方式培育发展时间周期长、成本大,需借助外延的扩张方式和资本杠杆通过产业重组才能快速发展。集团产业重组和外延式扩张的条件也十分有利,中央领导和省委、省政府十分重视着力将集团这样的先行上市的文化企业做大做强,鼓励以资本为纽带,加大并购和重组力度,打造成战略投资者。中原大地传媒成功借壳上市,在河南文化产业中是巨大的优势,有望发展成为省内最重要的文化产业融资平台。建立健全项目管理运作机制,充分做好涉及集团发展的重大项目决策、重大合作事项的调研论证、整体策划和可行性论证,进一步强化集团系统重点项目策划、开发与培育。以优质产品与重大项目为突破,实行产品经理制、项目管理制,兼并重组,多元化发展,以创新互联网思维为策略,对集团集约化、多元化、专业化转型升级。

作为为河南文化产业的重要融资平台,就有可能首先在省内选择优质文化企业和文化项目重组或定向增发,实力壮大后还可能在全国范围内选择文化企业并购重组。集中省内优质文化资源,充分有效利用中原大地这个融资平台,这也是全省文化产业大发展大繁荣的重要方式与路径。

附录　中原出版传媒投资控股集团有限公司大事记

2003年1月21日,国家新闻出版总署出具新出图[2003]131号《关于同意组建河南出版集团的批复》文件,批准组建河南出版集团,作为全国出版改革的试点单位。按照河南省人民政府2003年9月1日常务会议纪要[2003]25号的规定,开办资金人民币26,000万元。2004年4月8日,经河南省机构编制委员会豫编[2004]12号《关于印发河南出版集团机构编制方案的通知》文件批准,河南出版集团于2004年3月28日挂牌成立,为事业单位,实行企业化管理。取得河南省事业单位登记管理局颁发的事业单位法人证书,证书号为:事证第141000001168号。

2007年12月18日,河南省国资委出具豫国资文[2007]128号《关于出资设立中原出版传媒投资控股集团有限公司的批复》文件,批准河南出版集团整体进行"事转企"改制,成立国有独资公司,河南省国资委行使出资人的权利。

2007年12月27日,由河南出版集团改制组建的中原出版传媒投资控股集团有限公司成立,取得了河南省工商行政管理局颁发的营业执照。为国有独资公司,注册资本为人民币30,000万元,河南省国资委为唯一出资人,注册号:410000100021549。

2008年11月21日,河南省省属国有企业改革工作联席办公会议出具[2008]19号《关于中原出版传媒投资控股集团有限公司所属单位改制总体方案的批复》文件;2008年12月15日,河南省省属国有企业改革工作联席办公会议出具[2008]24号《关于中原出版传媒投资控股集团有限公司所属单位改制实施方案的批复》文件,同意中原出版传媒集团对下属单位实施公司制改制。

2010年传媒业务注入上市公司ST鑫安,成功登陆深圳证券交易所。

2011年5月24日，中国证监会出具了《关于核准焦作鑫安科技股份有限公司重大资产重组及向中原出版传媒投资控股集团有限公司发行股份购买资产的批复》，中原出版传媒集团旗下11家全资子公司(9家出版社、1家印刷集团、1家物供集团)及北京汇林纸业有限公司、北京汇林印务有限公司两家控股公司及中小学教材代理出版业务注入中原大地传媒股份有限公司。

2011年9月6日，上市公司向深圳证券交易所提出复牌申请，经深交所恢复上市审核委员会审核批准，中原大地传媒股份有限公司股票于2011年12月2日在深交所正式复牌交易。

2012年3月底，中原出版传媒集团所属单位河南人民出版社完成了转企改制工作，《作文指导报》等非时政类报刊的改制任务完成，中原出版传媒集团完成了全部所属单位的"事转企"改革工作。

2013年11月26日，集团整体上市重组方案及相关资料已经上报中国证监会并得到受理。

2014年5月28日，经中国证监会上市公司并购重组审核委员会第23次并购重组委工作会议审核，上市公司重大资产重组事项获得无条件审核通过，集团整体上市取得圆满成功。

第六章 四川新华文轩建立现代企业制度的历程、思考与启示

第一节 四川新华文轩出版传媒股份有限公司简介

新华文轩出版传媒股份有限公司是根据中共四川省委宣传部《关于四川新华发行集团有限公司重组上市方案的批复》(川宣[2004]112号)、四川省人民政府《关于同意设立四川新华文轩连锁股份有限公司的批复》(川府函[2005]69号),由四川新华发行集团在重组改制基础上,联合成都华盛集团、四川出版集团、川报集团、四川少儿出版社和辽宁出版集团,根据《公司法》的规定以发起设立方式依法设立的股份有限公司,是与多家新闻出版产业集团和民营资本跨地区、跨行业联合,发起设立的我国第一家按照上市公司标准组建的股份制出版发行企业。2005年4月15日,四川省国资委签发了《关于四川新华文轩连锁股份有限公司(筹)国有股权管理有关问题的批复》(川国资委[2005]81号),同意四川新华发行集团作为主发起人联合其他发起人共同出资设立新华文轩出版传媒股份有限公司。2005年4月30日,四川省人民政府作出《关于同意设立四川新华文轩连锁股份有限公司的批复》

（川府函［2005］69号），同意发起设立新华文轩出版传媒股份有限公司。2005年5月13日，召开创立大会，通过了关于设立公司的决议。2005年6月11日，在四川省工商行政管理局注册登记并领取了《企业法人营业执照》，新华文轩出版传媒股份有限公司正式成立。2007年新华文轩在香港上市，成为国内出版行业首家H股上市公司。2010年，新华文轩收购四川出版集团下属15家出版单位，打通出版发行产业链。真正成为集出版物生产、销售和多元文化产业发展于一体的文化产业实体。2016年8月8日，新华文轩出版传媒股份有限公司正式在上海证券交易所主板挂牌上市，从而成为国内首家"A+H"股上市的出版发行企业。

作为中国文化体制改革的首批成果企业之一，文轩的改革和发展一直走在全国前列，是中国出版发行业排头兵、西部地区出版传媒产业领军企业、四川文化产业龙头企业。新华文轩以传承中华文明、引领产业发展为使命，精耕出版发行产业链，在出版、报刊、印制、物流、门店经营、电子商务、教育服务等领域谋篇布局，实施全产业链经营。文轩成立以来，销售收入及利润每年均稳固提升，2015年实现销售收入55.8亿元，利润6.2亿元，总资产规模达到107.4亿元。文轩改革发展成效显著，先后被授予"中国出版政府奖·先进出版单位""全国新闻出版系统先进集体""全国文化体制改革工作先进单位""国家文化出口重点企业""数字出版转型示范单位"等荣誉称号。文轩旗下有11家图书出版单位、13个报刊品牌打造内容产业精品力作；覆盖全省150多家零售直营门店、114家分公司组成的教育征订网络，遍布全国一线城市的800多家商超网点，构建了强大的实体销售网络；文轩建立了以成都、北京、无锡为基地的全国性物流配送网络，为线上线下业务的高速发展提供支撑；文轩的印制业务和印刷物资销售位居西南地区龙头地位；在巩固传统出版发行领域核心优势的同时，文轩打造了文轩网、九月网及中国出版发行交易云平台，已成为全国出版物电子商务领域的领先品牌，推动国内出版发行业的升级转型；文轩研发了国内领先的"优课"数字教室，打造了四川省教育资源云平台，是中国教育信息化的主要推动者。在发展出版发行主业的同时，文轩还涉足影视、艺术、音乐等文化娱乐行业；同时，积极开展文化"走出去"业务，推进文化与金融相结合，开展资本经营，拓展新的市场，创造新的利润增长点，为企业发展提供新动力。

第二节 现代企业制度建立和体制改革发展历程

一、文轩改革发展建立现代企业制度的四大跨越

文轩积极建立现代企业制度,努力探索大型文化企业的发展路径,完成了国有资产的保值增值任务,做到了社会效益和经济效益双丰收。在改革发展和建立现代企业制度的历程中,文轩实现了四大重要跨越:从国有事业单位成功转企改制为股份制公司;从国有股份公司成功转变为境外上市公司;从出版物连锁发行经营成功转向出版发行一体化全产业链经营;回归A股市场成为国内首家"A+H"股上市的出版发行企业。

(1)从国有事业单位成功改制为股份制公司——2003年四川新华发行集团被确定为全国首批文化体制改革试点单位,基于企业长远发展的战略考虑,在国内出版界率先实行转企改制。2005年5月15日,四川新华文轩连锁股份有限公司挂牌成立,成为我国第一家大型股份制出版发行企业。

(2)从国有股份公司转变为境外上市公司——2007年文轩在香港H股上市,成为国内第一家在香港整体上市的出版发行企业,实现了重大体制变革,为企业发展提供了强大的资金支持。

(3)从发行到出版发行一体化——2010年四川出版集团15家出版单位整体进入文轩,成为目前国内出版业唯一一个以市场化手段进行地方出版、发行集团整体整合的案例。

(4)2016年8月8日,新华文轩出版传媒股份有限公司正式在上海证券交易所主板挂牌上市,从而成为国内首家"A+H"股上市的出版发行企业。新华文轩本次共发行9871万股,募集资金

净额 6.45 亿元,募集资金将主要用于西部物流网络建设项目、零售门店升级拓展项目、教学云服务平台项目、中华文化复兴出版工程项目及 ERP 建设升级项目建设。

文轩实现了从国有事业单位成功改制为股份制公司、从国有股份制公司转变为境外上市公司、从出版物连锁经营转向出版发行一体化全产业链经营、最后回归 A 股市场成为国内首家"A+H"股上市的出版发行企业的重要跨越,通过推动业态升级、开展文化产业项目、搭建产业投融资平台等举措,推进文轩从传统实体出版向"实体出版+数字出版"、从产品销售经营模式向"产品+服务"经营模式、从以生产经营为主向"产业经营+资本经营"并重的三大战略转型,打造一流文化传媒集团。

第一次跨越:从国有事业单位成功改制为股份制公司,重塑市场主体,解放和发展文化生产力。

2000 年 3 月,四川省政府将省新华书店、省外文书店、省出版对外贸易公司 3 家事业单位进行转制和资产重组,组建出版物发行骨干企业——四川新华书店集团公司(后改为四川新华发行集团公司),将全省新华书店国有资产授权集团公司经营管理,从产权关系入手扫清体制障碍、打开改革突破口。

2003 年四川新华发行集团被确定为全国首批文化体制改革试点单位。2003 年 6 月,文化体制改革试点工作正式启动,这标志着出版发行行业的改革进入了体制创新的新阶段,国有出版发行单位被推向了改革的主战场。集团认真细致地做干部员工的思想工作,广泛听取意见,出色完成成都市属各新华书店人员分流、社保转移、清产核资等一系列改制工作,保证了四川新华发行集团改革任务的圆满完成。经过一年多的努力,新华书店延续了半个多世纪的体制在四川新华发行集团被全面变革,计划经济体制下的种种在这里正在成为历史陈迹。

2004年4月20日,四川新华发行集团麾下的员工全部了断了原有的"国有企业职工身份",成为企业人。四年前,四川新华集团成立时,集团公司本部由事业单位转为企业的变革,尚未完全割断连接在新华书店与其母体国家之间的"脐带",那么,此番完成的全系统改制,则在国有资产授权经营的基础上,通过建立现代企业制度,解除了国家对企业的无限责任;通过建立市场化的用工新机制,解除了国有发行单位对员工的无限责任。除少数民族地区外,四川新华发行集团全部按照现代企业制度的要求,对全省112个市县新华书店进行全面改制。3485名职工以各种方式解除与原新华书店的劳动人事关系,离退休人员实行养老金社会化发放和社会化管理。2055名职工通过竞聘上岗,536名竞争落聘者自谋生路。新上岗员工全部告别国有身份,领导干部一律取消行政级别,彻底变身份管理为岗位管理。取缔沿袭几十年的事业结构工资制,实行岗位绩效分配制度。2005年5月,四川新华发行集团作为主发起人,提出经营性资产重组的方案,将成都市与四川省两家新华书店的图书、音像业务剥离出来,进行经营性资产联合重组,四川新华集团携手四川日报报业集团、四川出版集团、四川少年儿童出版社、辽宁出版集团和民营企业成都市华盛(集团)实业有限公司,成立四川新华文轩连锁股份有限公司。

四川新华发行集团对112个市县新华书店进行改制,注销县、市书店的法人资格,实行竞聘上岗;引入战略投资,对图书、音像两大连锁公司进行股份制改造,成立四川新华文轩连锁股份有限公司。历经5年的改革历程,新华发行集团先后建立企业法人治理结构,构建以出版物经营为核心业务的产业发展体系、转变用人和分配机制等一系列改革。

新成立的股份公司整合了多方优势资源,由四川新华发行集团有限公司与多家新闻出版产业集团进行跨地域、跨行业的资本联合,按照上市公众公司标准发起设立了我国第一家大型股份制出版发行企业。集团通过推进股份制改造,采用"体外新生"的方式,吸纳出版社、其他单位及个人资本,组建了17个控股公司、3个参股公司,形成国有资本控股、产权多元化的混合所有制结构,并在此基础上全面构建母子公司管理体制。初步形成了出版发行、文化旅游、传媒科技、综合经营四大产业板块。经营范围涉及中外文图书、音像制品、电子出版物、报刊、出版发行管理软件开发、电子商务、广告、投资、文化用品、纸张、物流配送、旅游、酒店、出租车、房地产开发、物业管理等领域。公司总资产35亿元,净资产11亿元;按照66.67%的净资产折股比例,总股本为73333万股。其中,四川新华发行集团公司控股股份公司,持有85.92%的股权。

集团把核心竞争力建立在出版物连锁经营网络上的构想已经初步实现,新华文轩当时拥有各类连锁店266个,营业面积13万平方米,形成了遍布全省各市县的统一、高效、立体化的连锁经营网络体系,掌控了全省出版物70%以上的市场份额。各连锁门店所有商品均由连锁总部统一供货,统一信息系统,统一销售行为,统一连锁标识,提高了产业的集中度,增强了连锁分销核心能力,形成了集团的核心竞争力,从根本上改变了以往各级新华书店各自为政的局面。

第二次跨越:从国有股份制公司转变为境外上市公司,科学规范的管理为快速发展铺平道路。

四川新华文轩连锁股份有限公司成立以后,四川新华发行集团股改机构按照上市要求,全面做好上市筹备工作,建立了符合现代企业制度要求的"股东会—董事会(监事会)—经营层"企业治理结构,形成了独立于母公司的资产、人员、财务、业务的管理体系。2007年5月30日,四川新华文轩连锁股份有限公司在香港联交所主板挂牌上市,融资23.3亿港元,成为国内首家在港上市的发行企业。

新华文轩上市后,按照上市公司规范建立了股东大会、董事会、监事会、经营管理层等法人治理结构,引入独立董事、独立监事制度,并在董事会下设战略、审计、薪酬与考核等专业委员会,成立了公司党委、工会和职代会。公司由总经理全面负责日常经营管理工作,下设总监若干;形成了"以出版物分销为主业,以网络经营为核心,以产业发展和扩张为目的,在未来3~5年内成为全国大型强势传媒集团"的企业战略;实行了事业部制管理,建立了以目标管理和预算管理为主要管理手段的战略管理体系;将业务整合为教材教辅征订、零售连锁、分销连锁、出版四个板块,同时建立了采购、物流、信息、生产四大业务支持平台,形成了完整清晰的商业模式和管控体系。

文轩在香港H股上市,成为国内第一家在香港整体上市的出版发行企业,实现了重大体制变革,为企业发展提供了强大的资金支持。上市后文轩通过整合业务资源,提高企业核心竞争力,探索跨区域、跨行业发展,拓展文化产业项目等战略措施实现主业销售额稳定增长、商业模式持续创新、投资项目开始日渐获益。同时,面对金融危机,文轩及时调整战略方向,做深做透出版发行主业,努力实现出版发行产业链一体化经营,积极探索和拓展传媒及文化教育之相关业务,将公司发展成为中国主要的文化传媒集团。

新华文轩的上市,标志着文化体制改革向前迈出突破性步伐。

随着国有企业产权制度改革取得重大进展,国有大中型企业基本建立起相对完备的公司治理结构。深化出版发行体制改革,成为图书出版发行企业积极探索的新课题。四川新华文轩连锁股份有限公司在香港上市是国有书业主动打破计划、垄断体制、建立现代企业制度的率先突破,是文化体制改革的重要成果,也是必然结果。新华书店的陆续上市,促使企业明确今后发展方向、完善公司治理、夯实基础管理、实现规范发展,对整个新华系统转变观念、扩大视野、实现多元化跨越式发展具有示范和借鉴意义。

第三次跨越:从出版物连锁经营转向出版发行一体化全产业链经营,成为集出版物生产、销售和多元文化产业发展于一体的文化传媒集团。

2010年8月,四川新华文轩连锁股份有限公司正式更名为"新华文轩出版传媒股份有限公司",原本只有"发行权"的新华文轩具备了出版资质,资源整合带来了更大的市场。

2010年四川出版集团15家出版单位整体进入文轩,成为目前国内出版业唯一一个以市场化手段进行地方出版、发行集团整体整合的案例。重组后,文轩由出版物发行企业转变为集出版物生产、销售和印刷、物流等业务于一体的文化企业实体。在实施重组、构建完整产业链、做大主业体量的同时,构建内容+渠道+平台的产业经营模式,是目前国内出版传媒集团中唯一进行产业链一体化经营的企业。文轩对教育产品业务进行集中,按产业链分工,建立教育产品研发、印制、发行和纸张采购平台,集约化运作,降低成本、提高效率、增加效益;同时,以产品线规划为手段,在公司资源调控支持下,策划出版畅销、精品大众图书,打造"专、精、特、新"出版品牌和品牌集群。四川出版、发行资源的整合,必将为提升四川出版业在全国的行业竞争力和影响力,为新华文轩实现全国一流文化传媒集团的战略目标奠定坚实基础。

2011年,本集团在完成出版资源收购后,以抓整合、促发展为经营工作重点,实施15家出版单位进入本集团后的内部业务资源整合,建立与新业务架构相匹配的业务运行体系和管控体系。同时,本集团继续挖掘主营业务市场潜力,不断优化传统主营业务结构和拓展新业务,积极应对竞争日益激烈的市场环境,实现了本集团经营业绩的稳步提升。

2011年,本集团出版与发行业务的重组,消除了上下游环节之间的利益冲突和资源重复投入,与2010年相比,集团出版业务的销售总额和出版物的影响力均有较大的提升。公司于本年度荣获"中国出版政府奖、先进出版单位奖"等。2011年度,集团实现营业额人民币44.86亿元,与2010年相比上升20.4%;实现净利润人民币5.13亿元,每股基本盈利为人民币0.46元。本公司拥有人应占年度溢利为人民币5.22亿元,与2010年相比上升19.6%。

文轩在突出主业的同时,发展相关文化产业,业务已成功延伸到传媒、教育、影视、艺术等相关行业领域,初步构建了以出版发行为主业、多元文化同步发展的产业布局,形成了现代综合性文化传媒企业集团的雏形。

第四次跨越:新华文轩回归A股,打造有国际影响力的综合性文化服务集团。

2014年5月5日,新华文轩发布了最新招股书(申报稿),欲登陆上交所主板发行不超过9871万股新股,募集资金11.8亿元投5个项目,保荐机构为中银国际。在H股上市7年之后,新华文轩开启回归A股之路。2016年7月8日,证监会按法定程序核准了13家企业的首发申请,新华文轩出版传媒股份有限公司也在这13家企业之中。至此,经过几年的努力,文轩终于即将成功回A,成为一家"A+H"的出版传媒国有文化企业。2016年8月8日9点30分,锣声在上海证券交易所响起,宣告新华文轩正式在A股挂牌上市。H股+A股,新华文轩在构建境内外融资平台的路上迈出坚实的一步。借势回归A股,新华文轩将发挥"A+H"上市优势、出版发行全产业链经营优势、数字业务领先发展优势、全国性分销网络优势和多元业务协同发展优势,精耕主业,转型发展,依托互联网和资本市场,打造具有国际影响力的综合文化服务集团。

作为内地首家在中国香港上市的出版发行企业和中国教育信息化的主要推动者,新华文轩本次回归A股意义非凡。凭借在国内外均具有一定的知名度和较稳定的客户基础,通过A+H股的市场联动性,新华文轩跨地区、跨行业、跨媒体经营和重组的实力将进一步得到提升,可以继续充分发挥资本优势、产业优势和品牌优势,巩固出版传媒主营主业,拓展其他文化产业和资本经营业务。

在国内文化传媒产业大调整、大发展、大繁荣的关键时期,新华文轩回归A股是贯彻落实国家深入推进文化体制改革、振兴和发展文化产业的相关指示,巩固体制、机制及产业整体优势,利用资本市场促进国有资本保值增值,实现建设全国一流国有控股文化传媒集团战略目标的一项重要举措。第一,文轩回归A股有利于公司推进战略布局,提升公司整体价值。作为出版发行行业首家也是唯一一家在港上市的公司,新华文轩在国内外资本市场具有较高的知名度,拥有稳定的客户基础。回归A股后,借助两地资本市场平台,新华文轩可以进一步提升公司品牌影响力,有利于公司产品和服务向全国范围推广,形成产品市场和资本市场有效互动,夯实国有资本经营的产业基础;有利于公司推进传统业务战略转型和新业务拓展,稳步实施跨区域发展,提升公司整体价值。第二,文轩回归 A 股有利于拓宽新华文轩融资渠道,增强自身竞争优势。在国家振兴文化传媒产业以及出版发行行业面临创新与转型需要的背景下,新华文轩推进自身战略布局过程中面临的跨地域、跨所有制竞争逐步加剧。新华文轩回归 A 股市场将有利于公司拓宽融资渠道,借助规模日益扩大、制度日益完善、环境日益成熟的 A 股市场,公司的资本运作能力将大大增强,从而为公司的快速健康发展提供强有力的资本支持,实现资本和资源的有效融合。第三,回归 A 股后新华新华文轩未来的发展目标。基于新华文轩 A+H 股上市优势、产业基础优势和品牌优势,未来,新华文轩将积极巩固发展出版传媒主营业务,稳妥拓展其他文化产业和资本经营业务,实现实业经营和资本经营协调发展。通过推进实业经营的经营理念转变、经营思维创新、发展方式变革,和资本经营业务短、中、长期投资收益结构的合理布局,保持公司收入持续增长,市场占有率持续扩大,建设具有国际影响力的综合性文化服务集团。

回归 A 股,对新华文轩有着重要的战略意义。新华文轩成立以来,体制改革和创新发展一直走在全国前列,是中国出版发行业的排头兵、西部地区出版传媒产业的领军企业、四川文化产业的龙头企业,多次被授予"中国出版政府奖·先进出版单位""全国新闻出版系统先进集体""全国文化体制改革工作先进单位"等荣誉称号,综合实力位居全国同行前列。回归 A 股,将进一步提升新华文轩的综合实力。既有利于拓宽新华文轩融资渠道,增强自身竞争优势,也有利于公司推进战略布局,提升公司整体价值。随着各省纷纷组建出版传媒集团并成功上市,新华文轩作为国内第一家率先在 H 股上市的出版传媒企业,先发优势逐步丧失,在产业发展过程中面临的同行业竞争加剧。面对这样的市场环境,新华文轩回归 A 股市场将有利于公司拓宽融资渠道,借助规模日益扩大、制度日益完善、环境日益成熟的 A 股市场,公司的资本运作能力将大大增强,从而为公司的快速健康发展提供强有力的资本支持,实现资本和资源的有效融合。回 A 有利于公司推进传统业务战略转型和新业务拓展的战略布局。作为出版发行行业首家也是唯一一家在港上市的公司,新华文轩在国内外资本市场具有较高的知名度,拥有稳定的客户基础。回归 A 股后,借助两地资本市场平台,新华文轩可以进一步提升公司品牌影响力,有利于公司产品和服务向全国范围推广,形成产品市场和资本市场有效互动,夯实国有资本经营的产业基础。回 A 将稳步提升公司整体价值。

作为内地首家在香港上市的出版发行企业和中国教育信息化的主要推动者,新华文轩本次回归 A 股意义非凡。凭借在国内外均具有一定的知名度和较稳定的客户基础,通过 A + H 股的市场联动性,新华文轩跨地区、跨行业、跨媒体经营和重组的实力将进一步得到提升,可以继续充分发挥资本优势、产业优势和品牌优势,巩固出版传媒主营主业,拓展其他文化产业和资本经营业务。回归 A 股后,新华文轩巩固出版发行主营业务,推动主营业务的升级转型;布局大文化产业,发展资本经营。

回归 A 股后,新华文轩将继续借力资本市场,寻求跨媒体、跨区域的联盟合作及资本运营新突破,并利用公司的相关优势,稳步拓展影视、艺术、音乐等相关大文化产业,构建多元化的产业价值链体系。另外,在传统出版发行产业经营的基础上,将发展资本经营业务,构建股权投资、资产管理及金融投资等多种形式业务经营格局,形成短、中、长期投资项目与收益结构的合理布局和逐步完善的投融资体系。

第三节 四川新华发行集团建立现代企业制度的基本思路

上世纪90年代初,四川省新华书店就开始探索建立适应市场竞争的新机制。2000年3月四川新华发行集团公司成立以后,特别是2003年6月四川新华发行集团被确定为全国文化体制改革试点单位后,对全省新华书店延续半个多世纪的体制进行了全面变革。十多年来的改革实践,紧紧围绕同一个主题:建立现代企业制度,将新华书店重塑为有效率、有竞争力的市场主体。

四川新华发行集团(新华文轩前身)建立现代企业制度和体制改革的基本思路如下:

1. 总体规划、分步操作。

四川省新华书店的整个改制工作分"两个步骤"、"三个阶段"。"两个步骤"是:

第一步,四川省新华书店等三家文化事业单位率先转制为企业,构建集团核心企业。同时,积极推进股份制改造试点,采用"体外新生"的方式,吸纳出版社、其他单位及个人资本,组建了17个控股子公司、3个参股公司,形成了国有资本控股、产权多元化的混合所有制结构,初步建立了母子公司管理体制。

第二步,落实国有资产授权经营,对原为事业单位的全省112个市县新华书店进行整体转制、改制,纵向整合全省国有发行资源,初步形成了大型文化产业集团的基本构架。

第二步中又经历了"三个阶段":

第一阶段,通过给予适当经济补偿的方式分流富余人员,同时一次性将离退休人员移交社保机构。全省新华书店国有身份职工中，有3000余人自愿解除了与原新华书店的劳动人事关系。第二阶段，全省有2000多人通过竞聘重新上岗。第三阶段，上岗员工签订新的劳动用工合同，解除了与原新华书店的劳动人事关系。2004年4月20日，四川全省新华书店系统原国有事业单位国有身份职工，全部转变为与集团公司签订劳动合同的企业人。

转制、改制的核心是解除了两种"无限责任"：在国有资产授权经营的基础上，探索建立现代企业制度，解除了国家对企业的无限责任；摒弃旧体制沉重包袱，较好解决了新华书店改革中最大的难题——"人的问题"，建立了市场化用工新机制，解除了国有发行单位对员工的无限责任，同时，在整个转制、改制过程中，进行了全面的清产核资，核实国有资产占有量，清理不良资产，优化资产结构，确保了国有资产的安全、完好。

2. 实施国有资产授权经营，完善企业的经营权。

新华书店的发展首先要解决产权问题。产权不清，一方面企业缺乏自主权，另一方面企业责任也不到位。新华书店的资产属国资，但"国资"不等于要"国营"。在省委、省政府的大力支持下，全省新华书店国有资产授权集团公司经营，首先理顺了产权关系，让集团拥有了完整的企业经营权。

3. 变计划"户口"为市场"户口"，塑造市场竞争主体。

新华书店缺乏活力，很大程度上在于"户口"不对。长期以来，拿着计划"户口"，享受事业待遇，拥有教材专营权，经营中当然缺乏足够的压力。集团公司本部，也就是原省新华书店、省外文书店、省出版外贸公司，在四年前就自己主动把"户口"变过来了。通过去年的改革，又把市县书店的"户口"全部改了过来，把他们推向市场，转变为真正的市场主体。

4. 变分散经营为连锁经营,引入"明晰产权+业务连锁"的商业模式。

在推进连锁的同时,着力解决产权问题。在同一个产权主体下,连锁店才能真正按照总部的意志去经营。这实际上就是"明晰产权+业务连锁"的模式。

5. 变商品经营为品牌经营,打造强有力的专业公司。

看一个集团强不强,不在于其有多少资产、多少利润,也不在于有多少个法人,而在于有没有、有多少具有强大市场竞争力的专业化经营公司。为此,在对全省资源进行整合时,集团提出了打造强大的专业公司的战略思路。分别组建了文轩连锁公司、时代新华连锁公司、教材公司和出版公司等专业化经营公司,要求它们跨出去、伸下去。这些专业公司具有独立的经营自主权,有自己独立的商号、有自己的业务范围、有自己的专业市场。

6. 变"以块为主"为"以条为主、条块结合",打破传统利益格局,催生"化学反应",实行集团化运作。

各级新华书店建店以来,都是独立法人,自立门户,五脏俱全。这种体制对促进当地文化事业的发展,曾起过重要的作用。但是,在出版业市场化、产业化发展的新时期,不利于提高产业的集约度。为此,在设计集团的经营管理体制时,打破了"以块为主"的格局,确立"以条为主、条块结合"的模式。具体讲,就是把集团总部的经营和管理分成若干条往基层延伸。在经营上,分成教材公司和图书音像连锁公司,纵向整合全省的分销业务资源;在管理上,建立从省到市、县的资产、财务和审计三条管理监督线,从而使集团公司与专业公司真正融合为一个既放得开、又管得住的有机体。

7. 实行纵向一体化发展和相关多元化发展,努力从传统新华书店向现代文化产业集团转型。

在集团成立时,提出了从传统新华书店转型为文化产业集团的目标。一方面,拉长产业链,实行纵向一体化发展。集团向出版、印刷、物流等上下游环节延伸。成立了全国新华书店首家出版公司,创办了电子商务公司,控股西南地区印刷技术先进、规模最大的彩色印务公司,建立西部出版物物流配送中心等;另一方面,推进相关产业多元化发展。集团以12家星级酒店及旅行社、出租车公司为主体,形成了旅游产业板块。集团的传媒广告、报纸、软件开发、文化用品等其他业务,也呈现出良好的发展势头。目前,集团拥有21个子(分)公司,初步形成了出版发行、文化旅游、传媒科技、综合经营四大产业板块。

通过近几年的改革,四川新华发行集团创新体制、转换机制、卸下包袱、轻装前行,初步建立了现代大型文化产业集团的基础构架,各项产业发展势头良好。在体制上,"从头到尾,企业到底"。除少数民族地区外,省、市、县三级新华书店全部转制为企业,全集团实行一轨制运行;在业务上,"从小流通到大流通"。彻底打破了省内的区域壁垒,建立起了以连锁经营为核心,省市县连为一体的大流通、大生产格局;在管理上,建立起了以产权为纽带的母子公司体制。集团公司作为省政府国有资产授权投资经营机构,主要行使决策中心、投资中心、信息中心和管理中心的职能,业务经营权全部下放给子(分)公司。

通过文轩文化体制改革和建立现代企业制度的过程中可以看到,新华书店的改革思路及建立现代企业制度,主要包括四个方面的内容:

1. 通过实施股份制改造,创新体制,明晰产权,实现政企分开和投资主体的多元化,建立"三会一层"的法人治理结构,培育跨地区、跨所有制、核心竞争力突出的强势发行集团。

2. 通过实施人财物等管理机制的改革,创新企业内部机制,按照市场化要求建立科学、规范、高效的企业运行机制,降低企业运营成本,激发企业活力。

3. 通过实施连锁经营,创新业态,进行业务流程和分销渠道的再造,优化资源配置和产业结构,搭建立体分销网络,开展集约化、规模化经营,打造市场经济条件下的新型赢利模式。

4. 通过建设信息网络和物流配送体系,创新技术和工具,改造传统产业模式,提升企业运营质量和效率,实现产业升级。

第四节　新华书店股份制改造及建立现代企业制度的思考

改革开放以来,新华书店主要经历了四个阶段的改革历程。第一阶段是从 1982 年开始,提出"一主三多一少",逐步建立以国有新华书店为主体,包含多种经济成分、多条流通渠道、多种购销形式,少流转环节的图书发行网络;第二阶段是 1988 年开始提出"三放一联",即实行放权承包、放开批发渠道、放开购销形式和发行折扣,大力发展横向联合;第三阶段是 20 世纪 90 年代中期,实施"三建一转",各地新华书店开始建立图书批销中心、建立代理制、建立发行企业集团,转换企业经营机制,在企业内部实施人事、劳动、分配"三项制度"的改革,逐步构建统一、开放、竞争、有序的出版物大市场;第四个阶段是"入世"以来,进入"转企、改制、连锁、上市"阶段。经过前 3 个阶段的改革,新华书店初步进入市场化体制运作。为应对"入世",新华书店按照市场导向,以建立现代企业制度、重构赢利模式为目标,实施股份制改造和连锁经营,建立适应市场要求的管理体制和经营机制,逐步走上国际化、市场化和产业化的道路。但是,新华书店长期在计划经济的土壤中生存发展,意识形态属性多,市场属性少,作为市场经济条件下的企业,承担了过多的社会责任,离市场经济的要求还有很大的差距。主要体现在四个方面:

1. 企业产权不明晰,投资主体单一,现代企业制度和法人治理结构没有建立,政企关系没有理顺,企业发展的自由度不高,自我决策的空间太少,不是真正的市场主体;

2. 系统内部资源分散,没有实现有效配置、管理和利用,核心竞争力不突出,产业结构不合理,仍然以教材教辅为利润源的赢利模式没有打破,适应市场竞争要求的新的赢利模式还没有确立;

3. 没有建立一套以市场经济原则为核心的经营管理机制,激励约束机制、人才培养使用机制落后,企业经营管理水平不高;

4. 历史包袱重,人才结构不够合理,队伍整体素质和业务能力达不到市场的要求。

从政府层面来讲,新华书店改革的方向是在全国构建统一开放、竞争有序的图书流通大市场,建设有活力、有实力、有竞争力的新型市场主体,做大做强民族发行产业,维护国家文化和意识形态安全。从企业自身角度看,就是要按现代企业制度要求,建立法人治理结构,塑造自主经营、自我发展、自我约束的市场主体,构建市场经济条件下的新型赢利模式,实现提升企业核心竞争力、提升企业价值的目标,满足市场竞争的要求和生存发展的要求。在2005年年初,中央把新华书店体制改革的总体路子定为"改企转制,股份上市"。在连锁经营方面,把物流配送建设和信息网络建设作为连锁经营的突破口,表明中央对新华书店的改革方向已经确定,思路已经基本明确。

新华书店建立现代企业制度的过程,究其根本是建立一种市场化的产权实现形式的过程,而股份制便是现代企业制度的核心,是现代企业最佳的组织形式。新华书店股份制改造建立现代企业制度的过程中有这样几个问题:

1. 股份制类型的选择:选择股份有限公司。按照《公司法》狭义的区分,股份制企业指的是有限责任公司和股份有限公司两类。有限责任公司具备股份制企业的一般特征,但偏重于人合,具闭锁性;而股份有限公司则是资合性,具开放性,两者注册资本最低限额相差较大,这使得股份有限公司在设立起即具有一定之规模。从这个意义上看,新华书店股份制改造既可以是有限责任公司,也可以是股份有限公司。股份有限公司特别是公司上市的公众公司需要相当的信用化基础和完善的组织管理体系,公开程度高,运作程序复杂,加之国家文化经济政策因素和新华书店主营业务的特点,目前新华书店(发行集团)股份制改造选择有限责任公司类型要相对简便易行。新华书店改造为有限责任公司后,通过一段时间的市场动作,再依据企业的发展战略,也比较容易由有限责任公司过渡到股份有限公司。

2. 股权设置问题:股权多元化。新华书店作为党的宣传文化企业,仍要承担一定的社会责任,因此在新华书店股份制改造中,国有资本的控股是必要的。但从一部分省市新华书店股改的情况看,股权设置基本上都是国有资本绝对控股,有的控股比例超过90%。国有股的"一股独大"与国有独资在治理结构上没有根本分别,国有独资的众多弊端仍难以消除。应采取较为开放的改制思路,尽量降低国有持股比例,实行国有资本的相对控股,以促使股权结构的真正多元化和股权力量的相对制衡,形成完善的法人治理机制。国有股比例的降低可采取股权置换、股转债、转让出售等多种形式。

从目前新华书店股改的股权设置情况看,其股权多元化只是相对意义上的,其社会法人股多由国有独资的出版单位和其他新华书店主体注入,从最终归属上看,产权主体虽然在数量上多元化了,但终极国有产权的属性没有改变,仍为一元。不过,由于这些资本主体具有独立的保值增值责任和法人利益,产权主体数量的有限多元化,仍能够在一定程度上完善股份公司的治理结构,但还称不上严格意义上的产权多元化。

3. 战略资本引入问题:引入战略投资。省级新华书店(发行集团)引入国外战略资本,利用外力促使法人治理结构的完善,同时引入先进管理经验提升企业的品质,这是新华书店股改的发展方向。从目前的情况看,国外战略资本对中国出版物分销市场的放开有举的多,实质进入的还不多见,省级新华书店(发行集团)的股份制改造还没有一家引入了国外战略资本。

新闻出版总署承诺出版物市场的放开先内后外。近期把引资重点放在行业内外的民营资本上,待政策完全放开后,可采取产权交易的方式引入国外资本。

4. 职工身份转换问题:分流安置。国有企业股份制改造的重点和最大难题,在于职工身份转换和分流安置问题。从目前有关省市出台的政策看,职工补偿安置费标准最低限额均有比较明确的规定。从总体上看,新华书店资产状况较好,由于长期的政策保护,省级新华书店均有着良好的积累,职工人数也不多,安置能力相对较强。我国一直以来实行的是高积累、低工资制度,职工对企业有着强烈的依赖感和归属感,事实上,企业也存在对职工的负债。从改制成本的角度考虑,在政策允许范围内,争取适当提高补偿和安置费标准,相关社保、医疗保险一并妥善解决,并考虑在职工购买新公司股份时给予一定比例的折价,以强化公司的激励机制效应。

5. 出版集团和发行集团相互独立问题:股权纽带。目前,出版集团再下辖股份制发行集团的情况相当普遍。出版和发行两个不同集团的社会责任、组织目标,以及管理体制均有较大差异,这种大集团套小集团的方式不仅增加了管理层次,影响市场效率,而且还容易导致发行集团重回行政化;另外,目前我国出版和发行两个环节的市场开放程度不一样,出版集团不可能完全按照市场化的要求管理发行集团。此外,出版集团管理发行集团容易以本版出版物为利益导向,不仅影响发行集团产业政策的自主性,还会割裂统一的出版物市场,形成省际市场壁垒。

出版集团下辖发行集团,实现产供销的一体化,出版发行资源的优化配置,形成集团的竞争优势,是可以的。但问题的关键在于,它们是不是以股权为纽带,是否遵循资源由市场主导配置、集团治理是否按照现代企业制度的要求。

第五节　四川新华文轩体制改革及建立现代企业制度的启示

具体说，在体制改革及建立现代企业制度方面有以下启示：

1. 实行母子体系，二级法人。管理体制上实行母子体系，二级法人，这也是中央的要求。集团内部的母子公司构架主要有两种情况：一种是横向的母子公司结构，母公司作为控股公司，主要做战略管理和资本经营，各子公司或分公司（事业部）分别在教材、一般书、音像等不同领域进行产业经营。像四川新华书店、山东新华书店。在这种母子体系下，对教材业务的处理一般都是由母公司独资经营。另一种是纵向的母子公司结构，把原来的省店改造为集团的母公司，把市县店改造为子公司。像浙江新华书店、江苏新华书店。

2. 不同的资产管理体制决定不同的改制模式。已经组建集团的省级新华书店，根据授权经营的情况，采取了不同的改制模式。四川等获得省政府授权经营并取得投资主体地位的发行集团，其母公司普遍整体保留国有独资性质，作为主发起人和控股方，投资设立股份有限公司或有限责任公司。大多数没有获得授权、不具备国有资产投资主体资格的省级发行集团，由原投资主体作为主发起人和控股方，吸纳其他资本，把集团公司改造为股份有限公司或有限责任公司，同时整合全省各市县新华书店的资产和业务，成立集团公司控股下的二级股份公司或有限责任公司。这一模式以辽宁新华书店为代表。

3. 业务资源的重组，是改制的重大步骤。集团在规划自己未来发展时,就明确提出借鉴现代出版发行业组织运作经验和商业模式,努力建立独具特色的经营模式、业务流程和企业文化,重塑核心业务,全力培育集团独有的、竞争对手难以模仿的、能向顾客提供特殊价值、有助于企业拓展未来商机的核心竞争力。以资本为纽带的连锁经营,使四川新华集团找到了快速发展、做大做强的途径。业务资源的重组,不仅形成了连锁经营的规模,更带来了职工和企业之间关系的深层变化,在改制中建立的母子公司制度,使集团正在形成以出版物分销为核心业务,向上下游环节延伸至出版、发行、印刷(复制)一体化的产业链。广汉市店这滴水,折射出了四川新华集团涌动的改革大潮。改制的过程中,在国家和企业支付改制成本后,一部分职工分流了,一部分社保责任交还给了社会,企业卸掉了过重的承载。四川新华书店系统的改革事实让人们看到,企业在改革中失去的是锁镣,丢掉的是包袱,获得的是市场生存的一幅强健筋骨,一个适应在市场经济中搏击的新机。

在具体的连锁经营方面,四川新华发行集团改制有以下启示:

1. 设计理念注重低成本、实用性。在连锁经营的实施过程中,新华书店根据自身发展状况,把"不求最先进,但求最有效"的设计理念贯穿到整个连锁系统设计和实施的全过程。在信息建设方面,大多数是根据实际业务流程,进行自主研发,避免"两张皮"。在物流基础建设规模上,不盲目贪大求全,而是以适度为准,为未来业务量的增加和开展第三方物流留下了余地。在物流配供自动化建设方面,根据国内现状,强调"三化"结合,把工业化时代的流水线、信息化时代的IT技术和农业化时代的劳动力有机结合,该用人的地方还是要用人,因为中国最便宜的还是劳动力成本。

2. 信息网络建设和物流配送建设是切入点和突破口。在连锁经营的业务流程中,商流带动了物流,物流带动了资金流,而信息流则像糖葫芦的杆一样,把商流、物流和资金流贯穿在一起,形成"四流"合一。信息流和物流是"四流"中最重要的部分,支撑起整个连锁流程。各省新华书店在连锁的实施过程中,在这两方面动作最早、用力最大、投入最多。在信息化建设方面,现在做得比较好的有浙江、四川、山东等省。在信息流和物流建设方面的突破,大大推动了新华书店的连锁进程。

3. 统一采购、统一配送和统一结算是重要特征。2002年新闻出版总署对连锁经营提出"六统一"(统一标识、统一进货、统一配送、统一信息、统一服务、统一管理)的要求。大多数新华书店在连锁经营的推进过程中,重点抓了统一采购、统一配送和统一结算,基本取消了基层店的进货权,从根本上规范了整个连锁系统的业务流程秩序,通过"锁书"实现"连店"。

4、新华书店连锁开始自建新品牌。有人说,市场经济的初期阶段做生意,中级阶段做企业,第三个阶段做品牌。品牌对一个企业的发展是至关重要的。近几年,新华书店在原有品牌的基础上,开始建立自己的新品牌。四川的新品牌叫新华文轩,之所以会出现这样的情况,主要有以下几方面的原因:第一,新华书店虽然是一块金字招牌,但它是一个集体品牌。对各省新华书店来说,没有新华书店品牌自主权,以后还会牵扯到品牌使用费的问题。第二,实施跨省连锁以后,与当地新华书店品牌雷同,不利于品牌识别。第三,近年个别新华书店在经营状况、诚信度等方面出了一些问题,建立新品牌,可以避免受到连带的负面影响。

第六节　出版传媒企业未来发展趋势

我国经济社会的飞速发展,产业政策的不断完善和市场的自我发展,将共同推动我国图书发行产业走向成熟,完成新的市场格局、新的秩序和新的利益平衡的构建,形成统一开放、竞争有序的出版物分销大市场。首先从宏观看,将表现为六个方面:

1. 文化产业市场越来越大,资本总量增加,产业发展与经济发展的关联度越来越高,产业规模大幅提升。

2. 市场秩序逐步规范,市场环境趋向公平公正,新的市场格局初步确定,新的强势市场主体基本成形,市场走向垄断竞争。

3. 行业壁垒和区域壁垒逐渐打破,包括新华书店、外资、民营等在内的所有市场主体在同一个平台上公平竞争和发展。

4. 高科技手段和工具广泛应用,产业科技含量大大提高,呈现出现代产业的特征。

5. 市场竞争向高水平、深层次发展,对渠道终端和市场资源的争夺成为市场竞争的焦点。市场将证明,谁掌握了渠道和资源,谁就占有了市场。

6. 产业资源整合重组力度加大,各市场主体之间的合作向深层次发展,出现强强联合、优势资源互补和资本集中趋势。

再从新华书店来看,近几年既是改革的深水期和攻坚期,又是发展的重要战略机遇期。在市场的引导下,经过改制和连锁经营等一系列的深化改革,新华书店必将发生脱胎换骨的变化。

1. 赢利模式由传统的以教材为主转变为以一般书或其他业务为主。教材招标、一费制实施、免费及循环教材的推行等因素,是改变新华书店传统赢利模式的直接原因。从目前中小学教材发行招标试点情况看,新华书店赢得并不轻松。在免费教材发行招标上,云南、甘肃等省新华书店已经出现部分品种落标情况。这些情况都将逼迫新华书店去寻找新的赢利模式。

2. 打破区域界限和所有制界限。在区域界限方面,已经出现的新华书店跨省连锁,很清楚地表明了打破区域界限的走向。随着新华书店股份制改造和连锁经营的深化实施,完全可以判断,未来几年,新华书店已有 50 多年历史的区域划分格局将被打破,成为一个跨地区、跨所有制的普通的商业流通企业。

3. 新华书店将和一般国有企业一样出现联合、兼并、破产。市场经济下的生存原则是优胜劣汰。现在新华书店的改革已经出现了不均衡,一部分省店已经大大超前,随着改革的深入,它们的实力和规模将会不断增强和扩大,成为市场上的强势力量和主导力量,并将通过市场竞争的手段和资本的运作,完成与强势对手的联合,对弱势对手的兼并。

4. 将由目前的单一服务商变为多重的增值服务商、深度分销商、内容生产商和资本运营商。目前个别省区像四川、广西等已经从发行环节逐步向出版、印刷、供应环节渗透,还有个别店已经进入资本领域,而且都做得比较成功。如四川新华文轩、江西皖新传媒等,新华书店将不再是一个单纯卖书的流通企业,而是一个涉足多个领域、多个行业的综合性大型企业集团。

5. 新华书店的分销渠道将实现大幅增值。新华书店通过连锁经营的实施对分销渠道进行再造,改变分销产品结构单一的状况,增加渠道功能,可以提高渠道单位面积的赢利率,提升网络渠道的利用效能。具体方式可以有三种:一是"少变多",即产品少样化变多样化;二是"广变精",即广泛经营变精选管理;三是"低变高",即低品牌价值变高品牌价值。新华书店分销渠道的属性定位将发生根本性变化,由单一的图书卖场,变成文化产品馆、教育产品馆、生活产品馆、数码产品馆和娱乐休闲馆,大大提升分销渠道的服务功能、内涵和价值。

案例参考资料:

吴培华:《新华书店改革滞后的现象应该引起关注》;《出版广角》,2003年第10期

庄建:《新华涅槃——四川新华发行集团改制纪实》;《中华读书报》,2004年6月4日

翁刚佑:《新华书店改革发展的现状和未来走向》;《今传媒》,2008年11期

廖绪发:《新华文轩再造国有书店收入模》;《新财富》,2008年01月

吴培华:《出版问道十五年》;复旦大学出版社,2010年6月

黎大东、侯大伟:《四川新华书店建立现代企业制度改革成效明显》;新华网,2004年09月15日

附录：四川新华文轩股份有限公司建立现代企业制度及改革发展大事记

2000年四川省新华书店集团有限公司成立。

2003年4月集团更名为"四川新华发行集团有限公司"，成为第一家进行全省新华书店整体转制和开展连锁经营的出版发行企业。

2005年5月15日，"四川新华文轩连锁股份有限公司"挂牌成立，成为我国第一家大型股份制出版发行企业。

2007年5月30日，新华文轩在香港联合交易所主板挂牌上市，共募集资金21亿元，是第一家在香港H股上市的中国内地出版发行企业，成为国内首家进入国际资本市场的图书发行业零售企业。

2008年，新华文轩以1240万元收购四川新华商纸业有限公司51%股权；与安徽新华发行集团签订收购协议，收购7.79%股权。2009年12月29日，新华文轩对海南出版社注资9800万元，双方各占50%的权益，分别持有新公司总投票权的51%及49%，这意味着新华文轩成为全国第一家涉足出版业的发行企业。

2010年8月，新华文轩以市场化方式，收购四川出版集团下属15家出版单位100%股权，打通出版发行产业链，并更名为"新华文轩出版传媒股份有限公司"，成为第一家以市场化方式实现省内国有出版、发行资源整合的出版发行企业。

2014年5月5日，新华文轩发布了最新招股书（申报稿），欲登陆上交所主板发行不超过9871万股新股，募集资金11.8亿元投5个项目，保荐机构为中银国际。在H股上市7年之后，新华文轩开启回归A股之路。

2016年7月8日,证监会按法定程序核准了新华文轩出版传媒股份有限公司等13家企业的首发申请,至此,经过几年的努力,文轩终于即将成功回A,成为一家"A+H"的出版传媒国有文化企业。

2016年8月8日9点30分,锣声在上海证券交易所响起,宣告新华文轩正式在A股挂牌上市。H股+A股,新华文轩在构建境内外融资平台的路上迈出了坚实的一步。

第七章 商丘演艺集团转企改制的经验及启示

第一节 商丘演艺集团转企改制基本概况

商丘市文艺院团改革在 2006 年启动实施,对商丘市豫剧院、四平调剧团等全市 21 家文艺团体进行资源整合,成立了商丘演艺集团,通过实行企业化经营机制,推行集团化管理模式,大大激发了员工的积极性、创造力和企业活力。目前,商丘演艺集团在全国 21 个省、市、自治区,300 多个市、县拥有演出基地。2009 年年底,商丘市对演艺集团所属的、商丘唯一一家市级文艺院团——商丘豫剧院实行了转企改制改革。体制创新促进了戏曲事业的发展,形成了集戏剧、小品、歌曲、舞蹈等艺术品创作、研究、生产、经营、对外交流于一体的文化经营实体——商丘演艺集团的这一创新之举受到了温家宝总理、李长春同志的肯定。2007 年 4 月 7 日,中共中央政治局常委、中央书记处书记刘云山亲临商丘演艺集团视察,并指出其创造的经验"路子正、方向对、效果好",要在全国推广,在全国新闻媒体上宣传。央视《新闻联播》、《焦点访谈》及各大媒体都作了重点报道。中宣部还将演艺集团改革经验收入了

《文化体制改革经验70例》一书。之后,在全国文化体制改革会议上,刘云山再次强调指出,商丘演艺集团的经验要在全国推广。省委主要领导三次批示,充分肯定商丘演艺集团的做法,要总结推广商丘演艺集团的经验,要加快商丘演艺集团的发展,要加大对商丘演艺集团的支持力度。在全省文化产业和文化体制改革会议上,商丘演艺集团被授予"全省文化体制改革先进集体"荣誉称号,奖励20万元。

2011年4月30日至5月1日,在合肥召开的全国文化体制改革工作会议上,刘云山在讲话中称赞,商丘整合演艺团体,进行文化体制改革,取得了很好的社会效益和经济效益。商丘演艺集团在这次会议上作为全国文化体制改革工作先进地区受到中央表彰。2012年刘云山在全国合肥会议上再次表扬了商丘演艺集团,商丘市领导参加了表彰会。

2011年从中影集团引进嘉年华影院,投资2000多万元,建立嘉年华影院,把业务拓展到院线,走多元发展之路。

第二节　商丘演艺集团转企改制的主要历程

商丘演艺集团的成功并不是偶然现象,而是通过顶层设计、科学推进、大胆创新的结果,具体做法如下:

一、认真发动,做好动员

2005年,全国文化体制改革开始,河南省将商丘作为全省文化体制改革重点市,商丘豫剧一团则被作为全省文化体制改革的重点单位。

市领导对此非常重视,多次作出指示,听取市文化局领导的汇报,要求文化局拿出切实可行的方案,并做好动员工作。在市委宣传部的直接领导下,市文化局成立了改革领导小组,经过认真的调查和排队摸底,很快拿出了改革方案,并报市里批准。方案批准后,立即进行了动员,把任务布置下去。到2005年年底,商丘文化体制改革的大幕算是正式拉开了。

商丘演艺集团的前身是商丘豫剧一团。在改革之前,商丘豫剧一团是差额事业单位,人员编制、老演员退休等都市里负责,经费市里占百分之七十,下余百分之三十靠演出解决。也就是说,一团的演员演出多少、质量好坏都无关大局,大家不至于饿肚子。如果进行文化体制改革变为集团,就成了企业,整体上说集团的自主性强了,国家的优惠政策也多了,从体制上解决了干多干少一个样,干好干坏一个样的问题,演员的积极性自然也就提高了。但,面临的问题也很现实和突出,首先吃饭问题今后则主要靠剧团自己解决。再加上改革后,员工退休要进企业保险所,演员自己交多少退休后就发多少,不再由市财政负担。剧团的大锅饭被打破了,演员们的危机性自然也增强了。这对从刚解放剧团成立后就在计划体制中逐步发展过了来的绝大部分演员来说,思想上一时转变不过来,适应不了。所以,一时间团里人心浮动,情绪不稳,甚至出现上访现象。这样一来,上级精神传达之后,明显地遇到了阻力。

面对此种情况,市局领导事前也都做了充分的估计和预测,认为改革不会一帆风顺,一点波动都没有是不正常的。为此,市里和局里领导一起研究解决办法,加大思想工作力度,进行正面引导,采取召开座谈会、个别谈话,具体问题具体解决等得力措施,很快使大家的思想认识得到提高,情绪也平稳了下来,改革逐步进入了实质阶段。

二、结合实际,分步实施

按中央对文化体制改革的要求,改革就是体制的转型,就是由事业单位转变为企业单位,一步到位。但根据当时商丘市的实际情况来说,明显的是时机并不成熟。若强制推行体制改革一步到位,则势必激化矛盾,形成混乱局面。这样一来,改革也无法进行下去,自然,对改革大局也造成负面影响。怎么办?改革领导小组的同志们坐下来认真进行分析研究,对当时全团人员的思想状况进行了评估,对改革形势发展进行了预测,经请示市里主要领导,决定改革要结合自身实际,并借鉴外地经验,稳妥进行,分步实施。

于是,2006年5月,市文化局便组织人员,到发达地区考察,学习外地经验。考察组先后到南京、上海等地,通过学习考察,解放了思想,开阔了视野。同时也取到了真经,学到了妙计。6月份,便制定了以"明确目标,结合实际,分步实施,稳妥推进"的原则,以进行内部机制改革为主要内容的实施方案。方案经批准后,进行了公布,得到了广大演职员工的认可。

方案一经被认可,2006年10月份开始进入实施阶段,到12月便举行了挂牌仪式,省文化厅、市委市政府主要领导出席仪式并为集团揭牌。全国第一个地市级演艺集团正式成立,商丘文化体制改革走在了全省乃至全国的前列。

挂了牌的商丘演艺集团,整合了当时的商丘市文化艺术学校、商丘市豫剧二团、商丘市四平调剧团、睢阳区豫剧团、柘城县说唱团、杂技团和商丘市演出管理中心、商丘市戏曲研究所等21家文化事业单位,以商丘市豫剧院为龙头,以宋城影剧院为基地正式挂牌成立。

整合后的集团公司,采用"集团化＋经纪公司＋市场"的运作模式,艺术创作部门生产出来的艺术品由营销单位的经纪人负责向社会宣传、营销,再由艺术表演团体进行演出。艺术品的优劣由群众来评判,由市场来判断。

之后,商丘演艺集团在各级领导的关怀和支持下,在集团领导班子的团结协作和广大演职员工的共同奋斗下,运行平稳,效果显著。据当时统计,到2008年底,集团的演出由原来的每年平均1500多场,增加到2000多场,效益也明显增,演职员工积极性得到了很大。

三、深化改革,再上台阶

经过2006的内部机制改革之后,集团逐步走上了现代化管理轨道,各项规章制度逐步建立起来,演职员们的观念发生了根本变化。由于初步改革只是注重经营规模、经营理念和收入分配等方面,没有牵涉到产权制度改革,集团的自主权还是受到一定限制,国家对文化企业的优惠政策还不能充分享受,演职员工的积极性还有进一步调动的空间,在一定程度上影响了集团的进一步快速发展。面对此种情况,市文化局领导同集团领导班子一起,为适应新形势发展需要,在深入调查研究,听取各方面意见基础上,制订了《关于商丘演艺集团深化改革的实施方案》。这个方案提出了彻底改制的问题,即:集团由原先的市管事业单位改为市管企业单位,老演职员工的身份档案予以封存,成为真正意义上的企业员工,收入实行效益工资,退休老人按原来身份待遇进入企业保险所,之后再进的新人按企业标准执行。市里经费也不再是原来百分之七十的差额,而是核定基数,其余全部由集团自己挣钱解决。原则上多挣多发,少挣少发,不挣不发。这从根本上断绝了那种靠国家吃饭的想法,使那些既没有专长,又不好好干的人没有市场。为使改革顺利进行,又向市里争取了足额的配套资金和一些优惠政策,以确保改制后的演艺集团能顺利运行,取得比改革前更好的经济和社会效益。《关于商丘演艺集团深化改革的实施方案》初稿出来后,为慎重起见,又组织群众参加讨论,征求各个方面的意见。据了解,仅这个程序就用了三个多月的时间,上上下下反复多次,直到群众和各方面意见真正一致,思想真正统一,群众真正接受,说明转制改革的时机真正成熟了。于是,便报上级部门进行批准。

由于准备和铺垫工作做得充分,思想共工做得到家,政策措施到位,使改制工作进行得相当顺利,没有出现任何问题,更没有出项员工闹事现象。从头到尾没有用一个月的时间就圆满完成了,受到了上级部门的认可和表扬,又一次走在了全省的前列。

第三节　商丘演艺集团转企改制取得的成效

改革给商丘演艺集团带来了活力和生机,也带来了机会和效益。具体说来,改革以来,集团取得了如下成果:

一、管理步入了良性运行轨道

转制后的商丘演艺集团,实行了现代企业管理制度,进行现代化、规范化和科学化管理,精心创作新剧目和精品剧目,认真而积极到各地演出,成为真正意义上的市场主体,并在市场上闯出了自己的路子和牌子,获得了市场的认可。据了解,改革前,他们的戏价每场最多三千多元,现在,他们的戏价则每场最高的达上万元,演出场次也逐年增多,受到了广大观众的普遍欢迎。资料表明,演艺集团成立后,收入逐年增加,其中,2013年毛收入1100多万,2014年毛收入1200多万,2015年九月份前毛收入已达700多万。年利润也已达百万以上,演职员工工资不但有了保证,而且呈现逐年增加的局面。一些老员工感慨地说:改革真正给我们带来了好处,找到了出路,使我们的收入增加,生活水平得到了提高,这是我连想也不敢想的。

二、艺术创作成果显著

集团成立后,集中人力、物力、财力,新编新创了历史剧《浣纱记》、历史剧《李香君》、现代戏《龙河钟声》、历史剧《王昭君》,并分别获第十届、十一届、十二届、十三届河南省"文华大奖",实现四连冠。现代豫剧《钟鸣钟庄》获省委宣传部最高奖"五个一工程"优秀作品奖和省第五届优秀艺术成果奖。邀请省内外知名专家前来指导、评析传统剧目《花木兰》,并对其剧本、舞美、服装、音乐、灯光设计等进行修改、加工整理和提高。演艺集团所属院团参加河南省第四届"黄河杯"大赛荣获金奖,实现了我市在"黄河杯"大赛活动中零的突破。《龙河钟声》在获第十二届河南省戏剧大赛"文华大奖"后,在全市进行了30多场巡回演出,又作为河南省"中原清风杯"全省优秀廉政戏剧巡演剧目,在安阳、洛阳、驻马店、平顶山市等市区巡回演出共计50余场次,获得圆满成功。

三、历史剧《花木兰》在海峡两岸引起巨大反响

作为2010海峡两岸戏曲展演活动的重要组成部分,商丘演艺集团代表河南省携大型古装豫剧《花木兰》赴台演出,并获得圆满成功。

继赴台进行文化交流后,商丘演艺集团又携豫剧《花木兰》在北京民族文化宫进行精彩演出,使首都观众再次感受木兰文化,并得到了他们的一致好评。2011年,该团又携《花木兰》在河南省委党校礼堂和河南省农大礼堂为教职员工、学员、学生倾情演出。

四、"舞台艺术送农民"受到农民热烈欢迎

演艺集团每年都结合自身工作实际,开展廉政文化进农村活动,深入到全市广大农村进行演出,让老百姓不出家门就能免费看到好戏、大戏。仅2015年就圆满完成了省、市两级"舞台艺术送农民"活动400多场,取得了良好的社会效益,既满足了农民对豫剧观看的需求,又传播了社会主义核心价值观,还传承了优秀的传统戏剧文化。

五、"戏企联姻"稳步发展

"戏企联姻",走合作共赢之路,与张弓酒业密切合作,"戏企联姻",实现合作共赢。由企业赞助冠名演艺集团的演出节目,演艺集团通过赞助获得资金资助,扩大演出市场,增加演出场次,提高演出收入,更新演出设备,提高演出质量,提升演艺集团的市场知名度、美誉度。企业通过赞助企业,提高张弓酒业的知名度,扩大市场影响力,提高品牌竞争力,增加销售收入,增强消费忠诚度。

六、演出场次和收入呈递增趋势

集团以改革创新为动力,以市场需求为导向,发挥演艺资源优势,实施精品战略,演出市场规模稳步扩大,演出市场成效显著,在既有的北京、深圳、珠海、广州等演出基地基础上,又积极开拓了遍布全国的演出基地和东南亚、韩国等海外演出市场,实现了社会效益和经济效益双丰收。

七、陈新琴荣获全国戏剧最高奖——"梅花奖"

陈新琴携全体演职员重排大型古装戏《大祭桩》,以娴熟、细致、高水平的表演技能荣获中国第二十四届戏剧梅花奖,填补了商丘戏剧历史此奖项的空白,进入了中国戏剧的最高殿堂。2010年12月14日,商丘市委、市政府在宋城影剧院举行中国戏剧"梅花奖"获得者陈新琴表彰会。会上宣读了中国文联、中国戏剧家协会授予陈新琴梅花奖的决定,河南省委、省政府的表彰决定,商丘市委、市政府的表彰决定和市政府嘉奖令。省委、省政府和市委、市政府分别向陈新琴及演艺集团颁发了奖金。

八、演艺集团得到社会各界肯定

商丘演艺集团被评为全国文化系统先进集体、河南省委、省政府命名为先进集体，下属院团商丘市豫剧院被河南省文化厅评为河南省流动舞台车使用先进单位。演艺集团在不断成长、稳定发展的进程中，还全面贯彻落实中央十七届六中全会、十八大会议精神，认真践行科学发展观，与时俱进，创新发展，组织开展了"建文化名市 送文艺下乡"活动双百场演出，并按照"政府采购，剧团演出，农民看戏"的原则，积极做好每年的省、市两级的"舞台艺术送农民"活动。为农村留守儿童、失学儿童、贫困学生进行义演，奉献爱心，一次捐款34万余元。演出之余，还到敬老院为孤寡老人慰问演出，把党和社会的关怀送到老人的心中，受到老人们的欢迎，也得到当地党委、政府及群众的好评。组织赈灾义演，向汶川灾区捐款捐物，募集救灾资金150多万元，全部用于灾区重建工作。义演和募捐活动的开展，使商丘演艺集团既回报了社会，又提高了集团在社会上的声誉，受到了社会各界的普遍欢迎。

第四节　商丘演艺集团转企改制的经验

商丘演艺集团的改革之路是艰难的,也是成功的。其成功经验主要体现在以下几个方面:

一、敢于创新,坚定不移地走体制改革之路

创新是一个民族进步的灵魂,是一个社会前进的动力。敢于创新,是商丘演艺人在推进事业发展征程中的坚定信念。探索商丘演艺集团的成长历程,发现其中充满着改革探索的足迹:2004年,在演艺集团酝酿成立之初,商丘豫剧一团便创出了文企联姻的模式——与张弓酒业联手,剧团在演出中宣传张弓酒业,张弓酒业则为剧团提供资金和交通工具的支持,使双方走上了互相支持、共同发展的道路。2006年,在全省第一个成立了商丘演艺集团,成功地开启了商丘乃至河南文化体制改革的先河,受到了中央和省委领导的关注。当时的中共中央政治局常委、国务院总理温家宝,中共中央政治局常委李长春分别接见了商丘演艺集团总经理陈新琴。2007年,当时的中共中央政治局委员、中央书记处书记、中宣部部长刘云山还专门到商丘演艺集团视察,同集团演职员工座谈讨论,鼓励集团演职员工再接再厉,继续前进。2009年,完成文化体制改革的最高目标——成功转制,实行了现代企业制度,走上了真正的现代化文化企业经营之路,成了引导商丘文化发展的领头羊、排头兵。商丘演艺集团改革发展的每一步,在局外人尤其是现在人看起来相当成功,相当顺利,没出现任何问题,没有一点曲折,恐怕这是不符合实际的,也是没人相信的。试想,一个人原先在岸上乘凉纳快,不费劲有吃有喝,而今,忽然一道命令下来,让他下海自谋生路,这人一时能接受得了吗?能适应得了吗?这里难道不允许他思想上有斗争吗?难道不允许他行动有迟疑吗?我们认为,有,是真的;没有,则是假的。由此可知,商丘演艺集团的同志们能一步一个脚印、踏踏实实地走到现在的辉煌,创造了一个又一个商丘乃至河南省戏剧史上的奇迹,改革成功之路的艰难和曲折是毫无疑问的。只是商丘演艺集团人有一种坚定的信念和百折不挠的精神,将其中的艰难和曲折成了前进道路上的小插曲,不常向外人提起而已。但无论如何,我们必须相信,是改革形成了商丘演艺集团。也就是说,商丘演艺集团是商丘文化体制改革的产物。与其说演艺集团的诞生推进了商丘戏剧事业的繁荣和发展,毋宁说是改革推进了商丘戏剧事业的繁荣和发展。可以这样说,改革使商丘戏剧事业充满了活力和创造力,使商丘文化事业走向了繁荣。商丘演艺人坚定地走改革的道路是他们正确的选择,也为我们各行各业坚定不移地走改革之路做出了表率,提供了经验和借鉴。

二、勇于创新,果断坚决地走外延扩大之路

在经济市场中,一个企业要想站得住脚,持续发展而不被市场淘汰,保持长久的生命力,除不断地在进行技术升级,提高质量等内涵上下功夫外,还必须在规模和造势上即扩大外延上做文章。如世界五百强企业,他们的品牌不但世界知名,规模上也都是巨无霸型的。同样地,文化企业要想做大做强,在社会上立于不败之地,除了千方百计地创造自己独特的文化品牌外,还必须摆阵造势形成自己的规模,才能做到真正在市场上有一席之地,才能在市场上有竞争力。商丘演艺人正是认识到了这个道理,不但注重内部机制的改革，而且还重视外延的扩大。他们正是认识到一团一院单打独斗，不如联合起来，互相取长补短，形成规模经营这一点。所以，一开始，他们便通过政府和各种渠道，集中全市多种文化资源，成立了由商丘豫剧院、商丘文化艺术学校、商丘戏研所、宋城影剧院、商丘电影公司以及市内外其他演艺团体和演艺公司等21个文化单位组成的集研究、创作、演出、剧场、演艺中介为一体的跨地区、跨门类的综合性演艺团体。这样一来，克服了那种小打小闹，上不了大台面的现象，在市场竞争中先从规模上就提高了级别，再从技术上提高了等级，这无疑使商丘演艺集团迅速地在市场竞争中增加了砝码，获得了优势，占据了先机，增强了必胜的把握。例如，商丘演艺集团在改革时有这样一个模式，即"集团＋经纪人"模式。说道集团＋经纪人模式，也即是集团排出来的戏，过去是靠每个剧团中的一两个人跑出去联系演出事宜，一是规模小，二是盲目性大，因此剧团常常是排出来的戏没找着演出台口。演出进行不了，收入就没有，演职员工的生活水平就提高不了，大家的积极性自然也调不起来。鉴于此，剧团演员改行的很多。实行了集团＋经纪人模式，集团排出来的戏，由市内外演出公司文化经纪人联合进行台口的联系和安排，扩大了戏剧销售渠道，迅速改变了剧团过去演出台口找不着，剧团被动挨饿的局面，使集团的演出场次迅速增多起来，演职员工的收入也自然增加起来。

三、善于创新，义无反顾地走科学管理之路

商丘演艺集团的同志们明白，集团事业要想发展，要想多出精品，多演好戏，让人民满意，必须在管理上下功夫，必须实现管理的转型，应从粗放型向精细化管理转型，从传统型管理向现代化管理转型，从而实现从管到理的飞跃。基于此，演艺集团管理本着现代化、规范化、科学化的原则,进行了有益的探索。在现代化管理方面,他们注重人文素养现代化、文化管理现代化、文化设施现代化等几个方面。通过人才的引进、培养、使用、奖励等手段,提高了演职员工的总体素质,形成了政治强、业务精、作风硬的人才队伍。据统计,改革之前,集团仅有一级演员3名,而且还有两位是退休的,现在仅在职的一级高级演职员就有10多名,中级以上的达30多名。此外,体制改革以来,他们投入数百万资金,购置现代化的灯光音响,添置新的服装、道具等。国家为支持演艺集团的发展,为集团配备了现代化的舞台流动车和大型交通工具,实现了基础设施的现代化。在管理方面,则实行了新型的现代企业管理制度,彻底打破大锅饭,破除过去那种干多干少一个样,干好干坏一个样的格局,实行以岗定责,按劳取酬,能者多劳,多劳多得,少劳少得,将集团的效益与演职员工的实际收入密切挂钩,广大员工的积极性真正得到了调动,主动性和创造性得到了发挥,确保广大演职员工心往一处想,劲往一处使,汗往一处流,真正成为一个团结拼搏,争创一流的现代化文化演艺团体。

四、精于创新,持续地走打造品牌之路

品牌是一种识别标志、一种精神象征、一种价值理念,是品质优异的核心体现。培育和创造品牌的过程也是不断创新的过程,自身有了创新的力量,才能在激烈的竞争中立于不败之地,继而巩固原有品牌资产,多层次、多角度、多领域地参与竞争。商丘演艺人在创造自己的品牌过程中闯出了自己的路子,付出了艰辛的劳动,塑造出了闻名全国的商丘演艺集团这块牌子,创作出了获省级文化大奖的如《浣纱记》、《李香君》、《龙河钟声》、《王昭君》等一批精品剧目,推出了获国家梅花奖的戏剧艺术家陈新琴等等一批新人,在社会上形成了强烈的反响,受到广大观众的普遍认可和赞同。据了解,在改革前,演艺集团的前身商丘市豫剧一团参加省第九届戏剧大赛,总共筹集了五万元,用两万元做了一个新幕布,其余用于演员排练补助,而服装道具,灯光音响等非常简单。一位省级专家说,商丘的戏唱功不错,但看二度创作则相当于二十世纪六七十年代的水平。所以,要拿一等奖、出精品是连想也不敢想的。体制改革后,集团的理念更新了,实力增强了,他们斥资六十万打造了新编历史剧《浣纱记》,到省里参赛,一举便拿下了省第十届文化大奖,实现了商丘历史上零的突破。接着,又连续拿下了省第十、十一、十二届文华大奖,实现了四连冠,创造了商丘戏剧历史上的奇迹,提高了商丘的知名度,扩大了商丘文化的影响力,为商丘人民争了光。同时,商丘演艺集团也创出了自己的品牌。目前,商丘演艺集团,全国知名。在国内,商丘的戏无论演到哪里,都非常受欢迎。几年来,商丘的戏除经常到本省其他市地以及山东、河北、安徽、浙江、江苏、湖北等地演出外,还演到了北京、新疆、宁夏,演到了深圳、珠海、台湾等。戏价翻着番地往上涨,台口也经常地演出不断,呈现了持续发展、不断提高的可喜局面,显示了体制改革的优秀成果,为祖国社会主义文化事业的繁荣发展做出了贡献。

第五节　商丘演艺集团转企改制存在的问题

在探索商丘演艺集团的成功经验的同时,我们还发现集团在改制后存在如下一些问题:

一、管理理念还有待进一步更新

商丘集团改制后,引进了先进的企业管理理念,较省内、国内其他文化企业先走了一步,但随着形势的发展,与国内外先进的文化企业相比,一些管理理念还亟待更新,如管理技能需进一步提高,管理境界需进一步提升,企业运营模式需全面升华,为抢占市场先机,商战谋略需全面进行培养等。这些如不能尽快解决,势必从管理方面影响到演艺集团的进一步发展。

二、与政府的关系有待进一步理顺

改革之前,剧团是标准的官办文艺表演团体,因此,与政府的关系一句话,政府叫干啥就干啥,政府让怎样干就怎样干,一切以行动听指挥。而改制之后,文化企业作为市场主体进入市场,依靠市场求生存和发展。自然地,政府有原来微观地、直接地管办,变为现在宏观地、间接地指导。但这样做,说着容易做着难,即政府如转变管理理念的问题亟待进一步理顺。当前,政府对文化市场微观主体经营活动干预过多的问题仍较普遍,政府职能方面的"缺位"和"越位"并存,管办不分、政企不分、政事不分、职能交叉、行政管理成本过高的问题依然突出。从而,不仅导致了演艺集团的成本过高,而且依靠以专项资金为主要手段和行政推进为主要方式的发展模式,在一定程度上强化了政府文化主管部门配置资源的传统体制,存在着管办不分、资助覆盖面窄、监管缺失等弊端,抑制了以市场配置资源为主要发展模式的市场微观主体——演艺集团的内生增长动力,影响演艺集团竞争力的提高。

三、转企改制不彻底

商丘演艺集团转企改制得到了党和政府的大力支持,是全国转企改制的典范,随着转企改制的深入开展,容易改的都改完了,剩下的都是硬骨头,难改的部分,尤其近两年受到全国经济发展下行的影响,转企业改制的速度明显减弱,转企改制的热情不如以前高涨,转企改制动力明显不足。商丘演艺集团还没有真正完成转企改制,公司制改造还没有启动,还不能成为真正的企业,股份制改造还没有提上日程。

四、商丘演艺集团需要多元化投资主体

在内部改革动力不足,内生性发展后劲乏力的情况下,借助外力推动改革是一个科学理性的选择。积极引进投资者,注入资金,激发改革活力,使商丘演艺集团股权多元化,引进先进管理经验,借助外部力量推动商丘演艺集团加快转企改制的进程。

第六节　商丘演艺集团转企改制的几点启示

当前,我国文化体制改革取得了很大的成效,极大地调动了文化企业广大干部职工的积极性,推进了文化事业的发展。当然,商丘演艺集团在改革中走到了前列,也尝到了甜头。然而,商丘演艺集团在发展中深深感觉到,文化市场条块分割、区域壁垒和行政干预的问题虽然有所改观,但还没有从根本上得到扭转,与全国统一的产品市场、尤其是要素市场尚未全面接轨,二者之间存在着明显的落差。因此,文化市场上缺乏战略投资,属于国有文化产业的商丘演艺集团难以通过资本市场的投融资平台融到更多的资金。从而,在一定程度上影响集团更好更快地发展壮大。

商丘演艺集团前期转企改制成功,在省内外引起很大反响,得到党和政府的充分肯定,主要有一下几点启示:

一、提高认识、解放思想是前提

必须坚持以解放思想为先导,提高对改革重要性、必要性的认识,增强推进改革的积极性、主动性;克服畏难思想,解决不愿改、不敢改、不会改的思想认识问题。商丘演艺集团的实践证明:在改革中,只有干部群众的思想解放了,认识提高了,改革才能顺利进行,才能取得理想效果。具体地说,商丘演艺集团体制改革如得不到广大演职员工的支持,要想推展开来是不可能的。所以在实践中,无论进行哪项改革,若没广大干部群众的思想解放和认识的提高,改革要想取得成功是完全不可能的。

二、加强领导、以上率下是关键

必须靠实各级领导责任,落实一把手工程,形成坚强的领导力量,确保改革工作决策部署到位、协调指导到位、督查落实到位。商丘演艺集团改革之所以能够取得成功,并走在了全省乃至全国的前列,关键的一点就是市、局、团等各级领导重视,措施得力。首先,当时的市委书记市长对此项工给予了高度重视,不但听取汇报,给予批示,而且多次到集团里进行现场办公,给集团优惠政策,帮集团解决实际困难。市委宣传部部长更是亲临一线,进行现场指挥。市文化局主要领导负主要责任,真抓实干。分管领导冲在前沿,进行具体操作,掌握第一手资料,解决在改革中遇到的具体问题。团里领导更是全力以赴,身先士卒,起到了表率作用。实践证明,无论什么工作,没有领导的重视和支持,主航道不通,要想顺利进行简直是异想天开。

三、把握政策、取得支持是根本

必须严格执行政策,落实配套政策。确保改革的正确方向和规范运作,为妥善解决改革进程中的关键问题提供有效的政策保障。商丘演艺集团改革成功的根本是:中央、省、市等各级政府都出台了文化体制改革的优惠政策和配套政策,确保了参加改革的演职员工在改革中得到实际好处,利益没有受到损失。如为确保商丘演艺集团转制改革的顺利进行,市里同意首次为集团拨付经费150万元,之后同意按一定比例予以增加,用以扶持集团的持续发展。另外,在改制时,市里还拨付了足额的改革配套费,让参加改制的演职员工真正享受到国家的优惠政策,感受到党的温暖。

四、协调配合、互相支持是支撑

必须坚持服从服务改革大局,细化部门工作职责,加强工作调度,健全协调配合机制,形成推进改革的工作合力。商丘在文化体制改革中成立了由市领导牵头,市宣传文化、组织人事、财政工商税等有关部门参加的商丘市文化体制改革领导小组。领导小组下设办公室,指导改革的具体实施工作。领导小组多次召开联席会和协调会,及时解决改革中遇到的实际问题。领导小组的成立和对改革工作指导督促的到位,为商丘文化体制改革的顺利进行提供了可靠的支撑。

五、加快发展、服务社会是目的

必须坚持促进发展的改革放向,正确选择改革模式,积极落实扶持措施,确保改革着眼发展、有利发展、促进发展。商丘演艺集团改革成功的显著标志是集团的事业得到了壮大,品牌树立起来了,精品生产出来了,人才成长起来了,演出场次得到了增加,效益得到了提高,演职员工的收入明显地得到了保障和增多,生活水平明显地得到了改善,社会各界和广大观众对集团的的满意程度逐步增强,集团在社会上的影响逐步扩大,声誉也越来越好。改革明显地实现了加快发展的目的,达到了理想的效果,给人们带来了有益的启示。

参 考 文 献

[1]《现代企业制度全书》编委会主编. 现代企业制度全书[M]. 北京:红旗出版社. 1995.

[2]刘成昆. 文化企业转型渴望制度护航[N]. 中国企业报, 2011-10-18003.

[3]本社编. 中共中央关于深化文化体制改革推动社会主义文化大发展大繁荣若干重大问题的决定[M]. 北京:人民出版社. 2011.

[4]本书编写组编. 聚集义化体制改革[M]. 北京:红旗出版社. 2011.

[5]蔡年生. 领导力与企业文化、企业管理之辩证关系[D]. 复旦大学,2008.

[6]蔡翔,陆颖著. 我们出版的方向深化出版体制改革问题研究[M]. 北京:中国传媒大学出版社. 2014.

[7]蔡欣欣. 破解民营文化企业融资难的研究报告[A]. 河北省社会科学界联合会. 第七届河北省社会科学学术年会论文专辑[C]. 河北省社会科学界联合会:,2012:1.

[8]陈庚. 国有文化资产管理体制建构:理论范式与实践逻辑[J]. 学习与实践,2012,07:113-121.

[9]陈清泰. 国资改革路线图[J]. 财经,2014 年第 6 期

[10]段桂鉴. 版权资产管理易被国有文化企业忽视的"宝藏"[N]. 中国新闻出版报,2012 - 12 - 06006.

[11]樊建国. 关于国有文化企业国有资产监管的思考与实践——以河北省新华书店集团公司为例[J]. 经济论坛,2009,10:137 - 138.

[12]范周李志伟执笔蒋多齐骥. 打造中国"文化航母"[N]. 光明日报,2013 - 05 - 21015.

[13]付海菊. 河南民营文化企业发展现状与对策研究[J]. 企业导报,2013,03:162 - 163.

[14]傅才武,曹兴国,曹余阳. 我国文化企业国有资产监管体制的特殊性及其政策含义[J]. 学习与实践,2012,07:104 - 112.

[15]傅才武."理顺关系"的关键在于推进主管主办制度向出资人制度过渡[J]. 中国文化产业评论,2014,01:224 - 235.

[16]傅才武."理顺关系"的关键在于推进主管主办制度向出资人制度过渡[J]. 中国文化产业评论,2014,01:224 - 235.

[17]傅才武. 国有文化企业管理体制改革:从主管主办制度到出资人制度[J]. 华中师范大学学报(人文社会科学版),2014,03:61 - 67.

[18]傅才武著. 文化体制改革[M]. 武汉:湖北人民出版社. 2012.

[19]高江虹. 黄淑和:股权多元化更大目的是机制改革[N]. 21 世纪经济报道,2013 - 12 - 31.

[20]葛安娜. 探讨促进文化企业发展新思路——以深圳音乐厅为例[J]. 现代经济信息,2012,09:313.

[21]龚曙光.探索文化企业公司治理结构[N].光明日报，2015-05-23008.

[22]巩玉丽,夏青云.国有文化企业现代企业制度的公司制改造[J].怀化学院学报,2008,02:37-39.

[23]光明日报社,经济日报社编.走进中国文化企业30强2012[M].南昌:江西人民出版社.2013.

[24]贵州出版集团公司党委副书记纪委书记童俭.如何在国有文化企业开展党的建设[N].学习时报,2013-09-30010.

[25]郭磊.文化企业并购绩效、高管薪酬与公司治理的关系研究[J].经济师,2016,01:267-268.

[26]郭全中.企业制度化变革启幕[J].中国报业,2014,11:91.

[27]国务院发展研究中心国有资产管理办公室徐鹏程.加强国有文化企业经营管理的若干思考(下)[N].中国经济时报,2015-05-22005.

[28]哈罗德·德姆塞茨:《关丁产权的理论》,《美国经济评论》1967年,第57卷.

[29]韩丽阳.P市文广新演艺集团绩效考核研究[D].郑州大学,2011.

[30]胡晓峰.浅谈国有文化企业管理中的"法治思维"[J].出版发行研究,2013,10:78-80.

[31]黄薇.浅谈影视文化企业风险控制[J].新会计,2014,12:52-53.

[32]黄晓华.为文化企业推进体制改革服务[N].海南日报,2008-12-03A02.

[33]加强企业文化建设抓好"五个工程"[A].福建省职工思

想政治工作研究会. 福建企业文化在创新——福建省企业文化创新研讨暨经验交流会论文集[C]. 福建省职工思想政治工作研究会:,2002:8.

[34] 姜冬云,王奇英,冯云. 文化企业国有资产监管体系的构建[J]. 黑龙江社会科学,2013,04:68-70.

[35] 姜冬云. 中国文化企业国有资产监管体系的构建研究[J]. 改革与战略,2013,04:101-104.

[36] 金宝杰. 深化文化体制改革打造文化企业旗舰[N]. 北京日报,2009-09-23018.

[37] 康芒斯. 制度经济学(上),商务印书馆,1981年版

[38] 李道今. 北京国有文化企业改革出路[J]. 投资北京,2015,10:31-33.

[39] 李虎. 我国的出版集团研究[D]. 云南大学,2011.

[40] 李君如著. 中国特色社会主义文化建设与文化体制改革三个代表重要思想研究会暨中国特色社会主义理论体系研究会2011[M]. 北京:中国社会科学出版社.2012.

[41] 李文臻. 文化企业国际化发展的战略需求探究[J]. 企业导报,2012,20:100.

[42] 李晓乐. 现代企业制度改革中的企业文化变革[D]. 河北师范大学,2010.

[43] 李艳庆,张博,宋蔓蔓. 河北省打造大型龙头文化企业研究[J]. 河北青年管理干部学院学报,2016,01:78-80.

[44] 李长春著. 文化强国之路文化体制改革的探索与实践上[M]. 北京:人民出版社.2013.

[45] 李长春著. 文化强国之路文化体制改革的探索与实践下[M]. 北京:人民出版社.2013.

[46] 梁利辉,陈一君. 我国文化产业上市公司会计稳健性研究[J]. 会计之友,2014,11:39-42.

[47] 廖小东主编. 社会治理与文化体制改革研究[M]. 北京:经济科学出版社. 2012.

[48] 林峰. 中国企业管理文化研究[D]. 首都经济贸易大学,2008.

[49] 林勉东编著. 市场经济与现代企业制度[M]. 武汉:武汉大学出版社. 1994.

[50] 林木西. 以经济体制改革为重点推动全面深化改革——学习领会党的十八届三中全会《决定》[J]. 辽宁大学学报(哲学社会科学版)2014年第1期

[51] 林毅夫. 制度、制度变迁与经济绩效[M]. 上海:上海三联书店,1994

[52] 凌金铸,刘勇,徐辰著. 中国文化体制改革理论与实践[M]. 上海:上海交通大学出版社. 2014.

[53] 刘纪鹏. 不宜新设国有资本运营公司[N]. 中国经营报,2014-1-6

[54] 刘建蕊. 声音[J]. 当代人,2015,07:4-5.

[55] 刘克利,栾永玉主编. 中国文化体制改革与建设研究[M]. 北京:中国人民大学出版社. 2009.

[56] 刘仁. 知识产权是文化企业发展命脉[N]. 中国知识产权报,2013-10-18011.

[57] 娄扎根. 构建文化企业创新机制的思考[J]. 焦作大学学报,2008,01:40-41.

[58] 卢娟编著. 文化体制改革主体重塑与分类运营[M]. 北京:中国建材工业出版社. 2008.

[59] 马国卿,孙自强主编. 现代企业制度论[M]. 天津:天津人民出版社. 1996.

[60] 马威,王晓梅主编. 现代企业管理概论[M]. 北京:中国农业大学出版社. 2005.

[61] 马延军,付兵. 现代企业制胜的法宝——先进的、人文的企业文化[J]. 辽宁行政学院学报,2006,03:53-54.

[62] 孟杨. 现代企业文化:企业健康成长和发展的内在动力[J]. 探索与争鸣,2006,03:35-37.

[63] 奈特. 风险、不确定性和利润. 纽约. 1965年版,第450页

[64] 倪鹤琴著. 新时期中国文化体制改革探寻[M]. 杭州:浙江人民出版社. 2011.

[65] 聂清凯,张彦波. 公司治理文化与企业竞争力:作用机理和形成路径[J]. 天津行政学院学报,2006,04:49-53.

[66] 诺斯. 制度、制度变迁与经济绩效[M]. 上海三联书店,1994年版,第4页

[67] 潘爱玲,王淋淋. 产权属性、政治关联与文化企业并购绩效[J]. 华中师范大学学报(人文社会科学版),2015,03:89-100.

[68] 潘启胜. 坚守"两个底线"始终把社会效益放在首位[J]. 政策,2015,11:70-72.

[69] 庞理鹏. 论新三板对文化企业投融资的作用[J]. 商场现代化,2015,23:231-232.

[70] 彭立勋主编. 文化体制改革与文化产业发展2003年深圳文化发展蓝皮书[M]. 北京:中国社会科学出版社. 2003.

[71] 孙杰蓓. 激发国有文化企业生机与活力[J]. 中外企业

文化,2015,05:51-52.

[72]孙瑛,王伟,蔡翔,王东迎,李胜利,李频,张雨晗,潘炜,李甚.出版企业建立现代文化企业制度研究[J].现代出版,2012,01:5-10.

[73]孙韵.国有文化企业股份制改革模式研究[J].中国出版,2015,05:15-18.

[74]童兵.中国新闻传媒改革的重大研究——学习《关于推动国有文化企业把社会效益放在首位、实现社会效益和经济效益相统一的指导意见》的体悟[J].当代传播,2015,06:4-6.

[75]万晓芳.商业银行文化金融创新[J].中国金融,2015,10:35-37.

[76]王红霞.西部地区国有文化企业培育壮大问题思考——以贵州为例[J].中小企业管理与科技(上旬刊),2015,07:127-128.

[77]王家新.当前完善文化企业资产管理体制面临的形势与挑战[J].经济与管理战略研究,2014,01:212-213.

[78]王家新.当前完善文化企业资产管理体制面临的形势与挑战[J].经济与管理战略研究,2014,01:212-213.

[79]王家新.关于完善文化企业国有资产管理体制的思考[J].财政研究,2013,08:19-21.

[80]王家新.关于完善文化企业国有资产管理体制的思考[J].中国财政,2013,23:33-35.

[81]王家新.完善文化企业国有资产监管与资产评估[J].财政监督,2012,06:9-10.

[82]王淋淋.产权属性、政治关联与文化企业并购绩效[D].山东大学,2015.

[83]王永亮等编著.传媒榜样高层权威解读文化体制改革[M].北京:中国传媒大学出版社.2006.

[84]王中义.企业文化与企业宣传[M].北京:北京大学出版社.2008.

[85]魏凤.中国企业管理文化研究[D].西北农林科技大学,2003.

[86]吴小伟.施工企业文化建设的思考[A].浙江省经营管理研究会.与时俱进创伟业——浙江省经营管理研究会2003年年会论文汇集[C].浙江省经营管理研究会:,2003:6.

[87]向勇.确保国有文化企业两个效益相统一[J].时事报告,2015,11:30-31.

[88]谢光飞,李晓红.用完善国资体制促进国企改革深化——访国有重点大型企业监事会主席季晓南[N].中国经济时报,2014-1-9

[89]徐鹏程国务院发展研究中心国有资产管理办公室主任应用经济学博士后.加强国有文化企业经营管理的若干思考(上)[N].中国经济时报,2015-05-20005.

[90]闫家强.并购方向选择与文化企业竞争力研究[D].山东大学,2015.

[91]杨波.江泽民文化创新思想与当代企业文化建设[D].湖南师范大学,2003.

[92]杨波.企业文化、企业管理和企业发展的关系[J].山西焦煤科技,2005,S1:110-111.

[93]易华.实施企业全面预算管理的若干思考[J].经济问题探索,2004,04:68-69.

[94]尹德和著.和谐文化与企业管理[M].北京:人民出版

社.2009.

[95]于明涛.中国式分权下的文化企业跨地区连续并购研究——基于大众报业集团的案例分析[J].东岳论丛,2015,08:175-183.

[96]詹圣泽.管理创新策略与企业文化对接新述[J].科学与管理,2013,03:17-22.

[97]张贺.文化企业必须始终把社会效益放在首位[N].人民日报,2015-09-15001.

[98]张贺.着力健全确保文化企业把社会效益放在首位、实现社会效益和经济效益相统一的体制机制[N].人民日报,2015-09-15002.

[99]张蔷.都市报的资本运作探析[D].黑龙江大学,2012.

[100]张少春.管好用好国有文化资产发展壮大国有文化企业[J].预算管理与会计,2013,09:3-5.

[101]张维迎.西方企业理论的演进与最新发展.经济研究,1994年第11期,第70-81页

[102]张五常.交易费用的范式.社会科学战线,1999年第1期,第1-9页

[103]张暄.转企改制背景下安徽出版集团经营战略研究[D].安徽大学,2011.

[104]张彦波,聂清凯.公司治理文化,企业竞争力和形成路径[J].当代经济管理,2007,01:41-45.

[105]张振鹏,陈志军.我国文化企业发展的体制困境索解[J].山东社会科学,2015,12:109-115.

[106]赵丽芳.国有文化企业的"使命"[J].WTO经济导刊,2014,06:38-40.

[107] 赵永建. 我国现代企业文化的特点与建设[J]. 社会心理科学,2011,04:59-64.

[108] 智勇. 大连普利翰峰文化广场有限公司发展战略研究[D]. 大连理工大学,2006.

[109] 李学谦. 继续深化国有文化企业改革[N]. 学习时报,2010-11-08006.

[110] 祝宁伟. 企业文化——企业党建创新的新载体[J]. 东方企业文化,2013,08:52.

[111] Demsetz H. ,1968,"The Cost of Transacting", Quarterly Journal of Economic,82:33—53

[112] E·富鲁布顿等. 产权与经济理论:近期文献概览[J]. 经济文献杂志,1972年第10期

[113] Eggertsson T" 1990a, Economic Behavior and Institutions, Cambridge: Cambridge UniversityPress

[114] Furubotn E. G, and R. Richter,1997,Institutions and Economic Theory: The Conti'ibution of theNew Insitutional Economics, Ann Arbor, Michgan: University of Michigan Press

[115] K. J. Arrow, "The Organization of Economic Activity: Issues Pertinent to the Choice of Market versus Non-market Alloction,"in Joint Econominc Committee, The Analysis and Evaluation of Public Expenditure: The PPB System: Vol. 1, Washington: Government Printing Office,1969, pp. 59-73.

[116] North D. ,1990a,"A Transaction Cost Theory Politics", Journal of Political Economy, 2(4): 355—367

[117] North D. ,1990a,"A Transaction Cost Theory Politics", Journal of Political Economy, 2(4): 355-367

[118] R. H. Coase, "The problem of Social cost," Journal of Law and Economics, Vol. 3, No. 10(1960h), pp. 1 - 4

[119] Williamson O. E., 1985, "The Economic Institutions of Capitalism", New York: Press Press

后　记

　　在河南省委宣传部文改办领导的关心和指导下，作者和团队成员密切配合省委宣传部文改办合作，先后调研了商丘演艺集团、中原出版传媒投资控股集团有限公司、河南文化影视集团有限公司、河南有线电视网络集团有限公司、四川新华文轩出版传媒股份有限公司等转企改制典型企业。同时，派朱红昭博士到中原出版传媒投资控股集团有限公司挂职两年专门研究企业改制情况，派周立春博士到省委宣传部文改办挂职，学习和了解河南省国有文化企业转企改制相关政策。本著作正是在现代企业制度基础理论、企业实地调研考察和政策准确把握的基础上写成的，努力做到理论联系实际，行文通俗易懂，问题把握准确，原因分析深入，措施得当有力。

　　在本书撰写过程中，得到中国传媒大学朱红昭博士、叶玉露博士，武汉大学周六春博士，西南财经大学郭洪涛博士，西北工业大学李路博士，韩国清州大学任笑晨博士，商丘师范学院赵晓燕老师、李静等老师等青年才俊的大力支持和鼎力相助，在本书写作过程中，周鸥鹏负责本书的框架设计和所有章节的撰写，赵晓燕主要负责英文摘要翻译及第5、6、7章案例的撰写，郭洪涛、李静负责第2、3章资料收集整理工作，叶玉露、朱红昭、周立春、李路、任笑晨等几位博士负责案例资料的收集和整理。

  本书是在委宣传部文改办领导全程指导下完成的,在省文改办杨恒智同志的大力支持和帮助下,使得调研和座谈会工作得以顺利进行。武汉大学博士生导师张金海教授、华中科技大学博士生导师舒咏平教授等前辈也对本书提出修改意见。本书责任编辑李轩英老师的专业水平和敬业精神令人钦佩,为本书的编辑和顺利出版付出了辛勤的劳动。在此一并表示衷心感谢!

周鹍鹏
2018 年 6 月 06 日